松下幸之助 生き抜く力

仕事と人生の成功哲学を学ぶ

PHP研究所編

PHP文庫

○本表紙図柄＝ロゼッタ・ストーン（大英博物館蔵）
○本表紙デザイン＋紋章＝上田晃郷

はじめに

激動のビジネス環境のなか、だれに頼るでもなく、一個の人間として「生き抜く力」をもつこと。現代の混迷した社会でいちばん求められていることではないでしょうか。ただ、その力をどのように身につければよいのか。また、そもそも「生き抜く力」とは知識をさすのか、技術をさすのか、あるいは心がまえをさすのかも一様には語れません。

本書は一人のビジネスパーソンの生きざまをご紹介することによって、「生き抜く力」を学んでいただくことを意図しています。その人物とは、松下電器（現パナソニック）創業者・松下幸之助（以下、幸之助）その人です。幸之助は確かな「生き抜く力」をもっていました。

何しろ、たくさんのハンディがありました。家は貧しく、そのために小学校を四年で中退、奉公生活を送りました。両親のほか七人のきょうだいがいた大家族に育ったものの、成人のころには全員が病死しています。さらにみずからも肺尖《はいせん》カタルを患い、病弱で常に人の先頭に立って仕事をすることができませんでした。

それでも、みずからの意志で仕事を選び、また勤め人にとどまらず独立、一代で世界的エレクトロニクス企業を育てあげました。そして日本でいちばんの資産を築く一方、世の中をよくするためにたくさんの啓発活動を行い、民間最高位の叙勲を受けることもできたのです。

なぜこれほどのことができたのか。その答えを求めるべく、本書は幸之助の数々の示唆に富むエピソードを紹介しながら、「生き抜く力」のヒントを探ります。

ＰＡＲＴⅠでは、幸之助のエピソードを時系列で示し、その波瀾の人生を辿ります。ＰＡＲＴⅡでは幸之助の仕事の哲学を「販売・営業」「人事」「商品開発・製造」「組織・体制」の職能に分け、それぞれの面で何が大切かを、幸之助が残した講演・講話録から紹介します。ＰＡＲＴⅢは、かつての部下の証言によるエピソードをもとに、幸之助が訴えていた「あるべき仕事術」の一端を示しました。

さらにＰＡＲＴⅣは、幸之助が部下に発した象徴的な言葉から、リーダーとして、仕事人としての行き方・考え方を紹介。ＰＡＲＴⅤは幸之助のビジネス感覚を示すキーワードを大公開。幸之助の「生き抜く力」の総集編ともいうべきものです。

そして、スペシャルな編集として、各ＰＡＲＴの最後にコラムを設け、幸之助がよく書にしたためていた四つの言葉をあげ、なぜそれらの言葉を好んだのかを解説しています。

本書が、皆さんの「生き抜く力」を磨く一助になれば、これにまさる喜びはありません。

平成二十九年四月

ＰＨＰ研究所　経営理念研究本部

松下幸之助 生き抜く力◎目次

サラリーマン幸之助

独立、岐路のとき 39

最大の試練を迎えて　60

復活、そして飛躍のとき　68

憂国の思いはやまず　78

PART II

松下幸之助が語る仕事には哲学をもて！

組織・体制の哲学 149

PART III
「仕事術」10の幸之助主義で〝できる人〟になろう

PART IV

上司・松下幸之助が教える
マネジメント・リーダーらしいひと言

PART V

キーワードで読む

松下幸之助のビジネス感覚

仕事感覚 250

PART I

波瀾の人生

エピソードで知る

人生にはたくさんの場面がある。
その一つひとつでとった松下幸之助の行動とその意義に
「生き抜く力」のヒントがある。

幸せな幼少時代から荒波の少年時代

松下幸之助は明治二十七年十一月二十七日、和歌山県海草《かいそう》郡和佐《わさ》村千旦《せんだん》ノ木に生まれた。現在の地名は和歌山市禰宜《ねぎ》で、ＪＲ和歌山線の千旦《せんだ》という無人駅から歩いて五分くらいのところである。

父は政楠《まさくす》、母はとく枝という。八人兄弟の三男末子だった幸之助は両親に特にかわいがられて育った。樹齢八百年はたつという松の大樹の下に家があったことにちなんで、松下の姓がつけられたと伝えられている。

村では小地主の階級にあり、かなりの資産家であった。幼いころの幸之助は、子守りと一緒に川で魚を釣ったり、鬼ごっこをしたりして、平穏な日々を送る。しかし、そんな幸せな暮らしも長くは続かなかった。

紀ノ川駅の別れ――たった一人で大阪へ

幸之助が社会に第一歩を踏み出したのは、尋常小学校四年の秋のことである。

幸之助が四歳のとき、父親が米相場で失敗、先祖伝来の土地を人手に渡し、単身大阪に働きに出た。その父から母のもとに、「幸之助も四年生で、もう少しで卒業だが（当時尋常小学校は四年制であった）、大阪八幡《はちまん》筋にある心やすい火鉢店で、小僧がほしいとのことである。ちょうどよい機会だから幸之助をよこしてほしい」という手紙が届いた。

当時、南海電鉄は今の和歌山市まで開通しておらず、紀ノ川駅が終点であった。ここから幸之助は、一人汽車に乗って大阪に向かった。明治三十七年十一月二十三日、満十歳の誕生日を迎える四日前のことである。

駅まで見送りにきた母は、心配と寂しさで胸が締めつけられる思いだったのであろう。「体に気をつけてな。先方のご主人にかわいがってもらうんやで」と、目に涙を浮かべながら、こまごまと幸之助に言って聞かせた。

そして、大阪に行く乗客に「子どもですが、大阪にまいりますので、あちらへ着けば迎えがきていますが、どうかその途中よろしく頼みます」と、何度も頼んだ。

幸之助も、母と別れる寂しさと、初めて汽車に乗るうれしさ、商都といわれる大阪へのあこがれと、悲喜こもごもの言いようのない思いでいっぱいであった。この晩秋の紀ノ川駅での情景は、いつまでも幸之助のまぶたに焼きついて離れなかった。

晩年、幸之助は、「今静かに考えてみますと、九歳の子どもを、自分の膝元《ひざもと》から遠く手放さなければならなかったことは、母としてこのうえなくつらいことであったにちがいないと思います。そして、おそらくそのときの母の思いは、大阪へ行ってからのぼくの幸せ、健康というものを言葉では言い表わせないくらい心に念じていてくれたように思います。ぼくが幸いにして健康に恵まれて長生きし、これまで仕事を進めてくることができたのも、やはりそうした母の切なる願い、思いの賜物《たまもの》であろうという気がしてならないのです」と述べている。

生家付近。昭和40年ころ撮影。生家はすでにないが、松下の姓のもとになったといわれる大きな松は健在（昭和41年に落雷で3分の1を焼失。さらに昭和45年、隣家の火災によって現在は5メートルほどの幹の部分を残すのみ）

五銭白銅貨の感激——ホームシックの中で

幸之助の最初の奉公先は、八幡筋の宮田火鉢店であった。親方と何人かの職人が火鉢をつくり、それを店頭で売るという半職半商の商店で、ここで、朝早く起きて、拭き掃除をしたり、子守りの合間に火鉢を磨いたりするという小僧生活が始まった。

幸之助は故郷で困窮した生活を経験していたので、仕事そのものはそれほどつらいとは思わなかった。しかし、故郷を離れた心の寂しさには耐えられず、夜、店がしまって寝床に入ると、母親のことを思い出して涙をこぼす日が続いた。

奉公を始めて半月余りたったある日、主人が「ちょっとおいで」と幸之助を呼んだ。そして「ごくろうさん、給料をあげよう」と言って、五銭白銅貨を手渡してくれた。故郷では、母に一厘銭をもらい、近所の駄菓子屋でアメ玉を二個買うのが楽しみだった幸之助にとって五銭は大金である。

〝たいへんなお金をくれるのだなあ〟と、初めて五銭白銅貨を手にしたうれしさに俄然《がぜん》元気が出て、それからは〝母恋し〟の泣きみそもすっかり治ってしまった。

それから八十年もたった九十歳のころ、「今まででいちばんうれしかったことは」と問われて幸之助は、このときの五銭白銅貨の思い出をあげている。

宮田火鉢店は、幸之助が入ってからわずか三カ月目に店をたたむことになり、幸之助は親方の知り合いの五代自転車商会に移った。明治三十八年のことである。

当時、自転車のほとんどは米国製か英国製で、値段も百〜百五十円という、いわば最先端の文明の利器であった。幸之助は五代夫妻や先輩の職人から「幸吉」「幸吉ッとん」と呼ばれてかわいがられた。

唯一無二の宝もの――人生最初の写真

大阪船場《せんば》の堺筋淡路町。商都大阪でいちばんの商売の中心地である。幸之助は、この淡路町の自転車店で、満十歳から足かけ六年間の奉公生活を送った。

主人夫妻には子どもがなかったため、四、五人いた小僧のなかでもいちばん年少の幸之助は、商人としての厳しいしつけを受けつつも、まるで実子のようにかわいがられた。

自転車店が開業して何年目かの記念日のことである。写真屋に来てもらい、夫妻以下一同で記念撮影をしようということになった。

ところがその日、あいにく幸之助は用事を言いつかって出かけなければならなくなった。撮影の時間までにはなんとか戻ろうと思って出かけたものの、先方で思わぬ暇がかかり、用事をすませて急いで戻ってきたときには、すでに写真はとり終わり、写真屋も帰ってしまっていた。

「幸吉ッとん。おまえ、帰りが遅かったさかい、待っとったんやけど、写真とってもろうて、もう写真屋帰ってしもうた。また今度のときにとるさかいに……」

主人の言葉に、幸之助はこらえきれず泣き出した。

まだ十歳の少年である。写真というものに接する機会が滅多になかった時代のこと、せっかく写真をとってもらえるということでうれしくてたまらなかったのが、自分だけ抜かされてしまった。それが悲しかったのだ。

すると、泣いている幸之助を見かねた奥さんが、「幸吉ッとん、かわいそうに」と、わざわざ幸之助を写真屋へ連れていき、二人並んで写真をとってくれた。

そのときの写真は幸之助の大切な一生の宝ものになった。

父のひと言――「商売で成功せよ」

幸之助が十一歳になったころ、それまで郷里の和歌山に住んでいた母と姉が、幸之助や父がいる関係で、大阪の天満《てんま》に移ってきた。そして、姉は読み書きができたので、大阪貯金局に事務員として勤めることになったが、そこでたまたま給仕の募集があることを知り、そのことを母に伝えた。

母は、奉公している幸之助を手元で育てたいと思ったのであろう。幸之助に、「幸之助も小学校を出なくては、先で読み書きに不自由するだろうから、この際、給仕をして夜間は近くの学校へでも行ってはどうか」と勧めてくれた。

母の手元から給仕に通って、夜は勉強する。窮屈な奉公生活をしていた幸之助にとって、それはたいへんうれしい話である。「ぜひそうしてほしい」と、母に願った。母は、「それではお父さんに話して、お父さんがよければそうすることにしましょう」と言ってくれた。

明治38年、五代自転車商会店主夫人と。幸之助の最も古い写真

ところが、そのつぎに父に会ったとき、父はきっぱりこう言った。

「お母さんから、おまえの奉公をやめさせて、給仕に出し、夜は学校に通わせては、という話を聞いたが、わしは反対じゃ。奉公を続けて、やがて商売をもって身を立てよ。それがおまえのためやと思うから、志を変えず奉公を続けなさい。今日、手紙一本よう書かん人でも、立派に商売をし、多くの人を使っている例がたくさんあることを、お父さんは知っている。商売で成功すれば、立派な人を雇うこともできるのだから、決して奉公をやめてはいけない」

せっかくの母の思いであったが、幸之助は給仕になることを断念した。その後ほどなく父は病にかかり亡くなったが、この父の言葉は、奉公中はもとより、松下電器（現パナソニック）を興してからも、ときおり思い出され、幸之助を支えてくれたのである。

おまえはどっちの店員か——初めてのセールス

自転車店で小僧としての修業を始めて三年目、十三歳のころのことである。

幸之助は、〝一度自分一人で自転車を売ってみたいものだ〟と考えるようになっていた。当時、自転車は百～百五十円。今日の自動車に匹敵する価格で、客から話があっても、小僧が一人で売りこみにいくなどということはできなかったのである。

そんなある日、本町二丁目の蚊帳《かや》問屋から「自転車を買いたいのやが、ちょうど今、主人が店にいるから、すぐもってきて見せてくれ」と電話が入った。ところがあいにく番頭も店員もみな出払っていて、幸之助しかいない。主人は「先様もお急ぎのようだから、おまえとにかくこれをもって行っておいで」と幸之助に命じた。幸之助にとっては好機到来である。自転車の性能を蚊帳問屋の主人に、一所懸命説明した。

十三の子どもが熱心に説明するのがよほどかわいく見えたのか、主人は「なかなか熱心なかわいいぼんさんやなあ。よし、買《こ》うてやろう」と言ってくれた。

「ありがとうございます」

「その代わり一割まけとき」

幸之助は、いつも店では一割まけて売っているのを知っていた。だから、

「はい、よろしおま、店に帰って主人にそう伝えます」と意気揚々と引きあげてきて報告した。

「あれ一割引いて売ってきましたでえ」

当然喜んでくれると思った主人が、渋い顔で言う。

「なんでいっぺんに一割も引くんや。商売人というもんはそんなに簡単にまけたらあかん。五分引く話はあっても、いっぺんに一割引く話はあらへん。五分だけ引くともう一度言うてこい」

いくら小僧でもいったん売ると約束してきたあとである。今さら話が違いましたとは言いにくい。そう言わずにまけてやってくれと、幸之助はシクシク泣き出してしまった。

これには主人も面くらって、

「おまえはどっちの店員か。しっかりせなあかんやないか」

とたしなめたが、幸之助は容易に泣きやまなかった。

そうこうするうちに蚊帳問屋の番頭が、「えらい返事が遅いがまかりまへんか」と尋ねてきた。

　そこで主人が、「この子が帰ってきて、一割引きにまけてあげてくれといって泣き出しよって、今もどっちの店員かわからんやないかと言うておったところです」と事情を説明する。番頭からその様子を伝え聞いた蚊帳問屋の主人は、

「なかなか面白い小僧さんやないか。それじゃ、その小僧さんに免じて五分引きで買うてあげよう」

　とうとう幸之助は自転車を売ることに成功した。それだけではなく、この話にはおまけがついた。

「この小僧さんがいるうちは、自転車はおまえのところから買うてやろう」

　幸之助は大いに面目を施したのである。

サラリーマン幸之助

大阪市電が運転を開始したのは明治三十六年九月。明治四十一年には全市開通する。幸之助は市電を見て新時代の到来を予感した。

〝電車が敷かれたら、自転車の将来は危ないのではないか？　これからは電気の時代だ〟

そう思い立つと矢《や》も楯《たて》もたまらず転職を決意した幸之助は、義兄のつてで大阪電灯（現在の関西電力）への入社を志願する。

ただ、五代の主人に暇をもらおうと思うのだが、どうしても言い出せない。結局、子ども心に考えて「母病気」の電報を打ってもらい、着替え一枚だけもち、主家をあとにする。そして明治四十三年十月二十一日、幸之助は大阪電灯幸町営業所の内線係見習工として採用された。

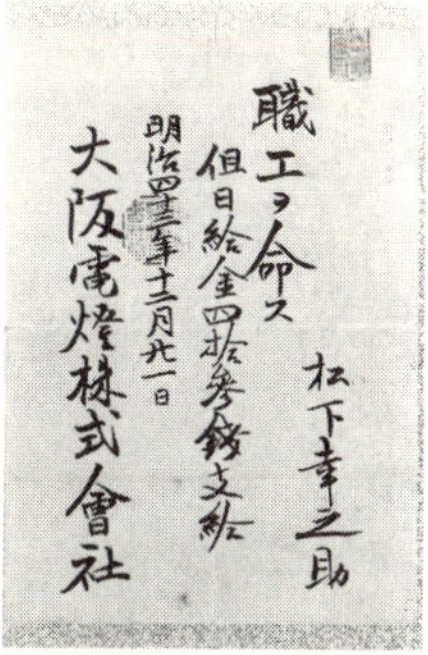

松下幸之助
職工ヲ命ス
但日給金四拾参銭支給
明治四十三年十二月廿一日
大阪電燈株式會社

大阪電灯会社の入社辞令。明治43年10月21日、内線係見習工として入社が許された。写真の辞令は本採用になったときのものと思われる

明治43年ころ、大阪電灯会社への入社前後の幸之助（右）

おれは運が強いぞ――二度のトラブル

幸之助は、大阪電灯会社への入社を志願したが、欠員が出るまでの三カ月間、セメント会社で臨時運搬工として働くことになった。その間の出来事である。

幸之助は毎日、大阪築港《ちっこう》の桟橋《さんばし》から船に乗って仕事場に通っていた。夏のころであったが、ある日、帰りに船べりに腰かけていると、一人の船員が幸之助の前を通ろうとして足を滑らせた。その拍子に幸之助に抱きついたので、二人はそのまま、まっさかさまに海に落ちてしまったのである。

びっくりした幸之助は、もがきにもがいてようやく水面に顔を出したが、船はすでに遠くへ行ってしまっている。〝このまま沈んでしまうのか〟。不安が頭をよぎった。が、ともかく夢中でバタバタやっているうちに、事故に気づいた船が戻ってきてようやく引きあげてくれた。〝今が夏でよかった。冬だったら助からなかったろう〟と、幸之助は自分の運の強さを感じた。

また、こんなこともあった。これは独立して松下電気器具製作所を始めたばかりの大正八年ごろのことだが、自転車に部品を積んで運んでいたとき、四つ辻で自動車と衝突したのである。五メートルも飛ばされ、気づいたときには電車道に放り出されていた。そこへちょうど電車が来た。〝やられる〟と目をつぶったが、電車は急ブレーキをかけ幸之助のすぐ手前で止まった。部品はあちこちに散乱し、自転車はめちゃめちゃにこわれたものの、幸之助はかすり傷一つ負わなかった。

これらの経験から幸之助は、〝自分は運が強い。滅多なことでは死なないぞ〟という確信をもった。そして、〝これほどの運があれば、ある程度のことはできるぞ〟と、その後、仕事をするうえで大きな自信になったという。

天国の発見――こんな厳しい仕事場でも

幸之助が大阪電灯会社で、配線工として働いていたときのことである。真夏のある日、幸之助は下寺町《したでらまち》というところにあるお寺へ電灯の取付けに行った。そこには二、三百年も前から建っている古いお寺が並んでおり、そのお寺も二百年前に建てられたものであった。

本堂のすみの天井板をめくって上がると、真っ暗で、しかも屋根が焼けてむっとする熱気である。そのうえ、動くたびに二百年分の埃《ほこり》が煙のように舞いあがる。汗は流れる、息は苦しい。〝えらいことやな〟と思いながらも作業にとりかかった。

しかし、年も若く、電線を引くことに非常に興味があった幸之助は、工事に没頭すると、埃も、汗も、息苦しさも忘れてしまった。それらがあまり苦にならないまま、一時間ほどで配線を終え、下へ降りた。

まったく別天地の思いである。とても涼しく、空気もいい。天井裏のように歩いたら埃が立つということもない。言うに言われない、さわやかな気分、地獄から天国へ上がったような瞬間であった。

それは幸之助にとって忘れることのできない体験であった。ことは天井に入って出てきたというだけのことである。にもかかわらず、非常な喜びがあり、愉快さがあった。

〝さっきまで地上は暑い暑いと思っていたのに、今その暑い地上が天国のように涼しいと感じる。暑さ寒さばかりではない。何か困難や苦しいことがあっても、人は仕事に集中すればそれを忘れることができる。また、それをやり終えたあとには、非常なうれしさがある〟

そういうことを幸之助は真夏の配線工事を通してまざまざと教えられた。そしてその後も、これに似た体験をするたびに、思いを新たにしてきたという。

夜学を中退——やっぱり学問は追いつけない

幸之助は大阪電灯会社時代、十六歳から結婚する二十歳までのあいだ、下宿生活を送っていた。その下宿の同僚に、夜学に通っている者がいた。電気の配線工の仕事が楽しくて、初めのうちは学校へ行くことなど考えもしなかった幸之助も、同僚が勉強してどんどん伸びていく姿に刺激を受け、大正二年四月、十八歳のとき、関西商工学校夜間部予科に入学した。

五時に会社が終わって下宿に帰り、急いで食事をして学校に駆けこみ、六時半から九時半まで授業を受けるという生活を一年間やり通し、予科を修了。入学者約五百人のうち、修了証書を手にしたのは、三百七十八十人で、幸之助の成績はそのうち百七十五番であった。

配線工時代の幸之助（３列目右端）

尋常小学校も卒業できなかった幸之助にとって、代数、物理、化学などの初歩を学び、予科を修了できたのは大きな喜びであった。そして、いよいよこれから本格的に電気の勉強ができると、希望に燃えて、本科に進んだ。

ところが、本科の授業はすべて口述筆記であった。幸之助はほとんど漢字を知らなかったので、片仮名、平仮名で懸命に努力したが、どうしても授業のスピードについていくことができない。ついに本科を中退せざるをえなくなった。

学業の挫折は残念なことであったが、配線工としての腕には自信をもっていた幸之助は、技術の上達を図ることが第一と考え、日々の仕事にいっそう真剣に取り組んでいった。

あらええで、もろとき——こんな結婚もあった

大正四年九月、幸之助は井植《いうえ》むめのと結婚した。幸之助二十歳、むめの十九歳。

見合いを勧めたのは姉である。

「九条の平岡という炭屋からこんな人がいると勧めてくれたが、おまえどう思うか。聞けば淡路島の人で高等小学校を出て、裁縫学校を卒業後、大阪に来て

京町堀のある旧家で女中見習い中の人であるということだが、いっぺん見合いをしてみてはどうかとのことだ。おまえがよければ、先方にそう返事するが……」

姉には、亡くなった父や母、兄弟姉妹をはじめ先祖のまつりをするためにも、早く弟が家をもつようになってくれれば、という強い気持ちがあった。

幸之助は、これも縁というものだろうと、深く考えもせずに承知した。

その当時、見合いといえば、良家の子女はともかく、一般的には、道ですれちがうだけといった簡単なものが多かった。二人が会って話をするというようなことは、よほど進んだ考えをもっている人しかしなかった時代である。

幸之助とむめのの見合いも、松島の八千代座という芝居小屋の看板の前でするという段取りになった。約束の時間が来てもなかなか先方が現われない。と、突然、付き添いで来ていた姉の夫が叫んだ。

「来た、来た」

近くの人たちが小声でささやいているのが、幸之助の耳に入った。

「見合いや、見合いや」

幸之助はあがって、真っ赤になる。気がつくと、もう先方は看板の前に立っている。

「見よ、見よ。幸之助、見よ」

義兄の声に初めて我に返って見直したが、時すでに遅く、わずかに横顔が見えるだけである。しかも、うつむいているので、なおさら顔が見えない。そうこうするうちに先方は行ってしまった。

「あらええで、もろとき、もろとき」

この義兄の言葉に、幸之助はそのまま従った。

独立、岐路のとき

幸之助の工事の腕は人並み以上で、社内の技能競技会で何回も一等をとるほどだった。おかげで昇給も昇格も早く、結婚して一カ月後には日給七十四銭、一年三カ月後には八十三銭となる。

そして大正六年春には、配線工のあこがれの地位である「検査員」に最年少で昇格。検査員の仕事は、工事担当者のした仕事を検査し、その適否を判定するもので、責任の重い任務ではあったが、すぐにコツを飲みこんだ幸之助は、一日十五軒から二十軒を回るのに半日ほどでやれるようになった。

このころから、幸之助の心に二つのことが重くのしかかるようになってきた。一つは、あこがれの地位であった検査員の仕事がもの足りなくなってきたこと。もう一つは、自身の健康についてであった。肺尖《はいせん》カタルにかかった幸之助は医者から養生《ようじょう》を勧められていたのである。

幸之助は検査員になる少し前に、ソケットの改良を思い立ち、いろいろ工夫して試作品をつくったことがある。自信があったので上司に見せたところ、意外にも使い物にならないと酷評されて、くやしい思いをした。

その後、検査員になり、暇ができた幸之助は、またソケットの工夫考案に身を入れ始めた。健康に不安を感じ、〝不安定な日給生活より、いっそ妻と二人で何か商売でも始めようか〟と考えていた幸之助は、なんとかしてソケットをものにしたいという思いを抑えがたく、ここに独立を決意する。

「実業で身を立てよ」という父の言葉も脳裏にあった。ときに大正六年六月十五日、辞表を提出し、二十日に大阪電灯会社を退職する。

質屋の通い帳――あすの生計もままならない

昭和四十年ごろのこと、幸之助宅の蔵の中から一束の古い書類が出てきた。配線工として勤めていた大阪電灯会社時代に会社からもらった十数枚の昇給辞

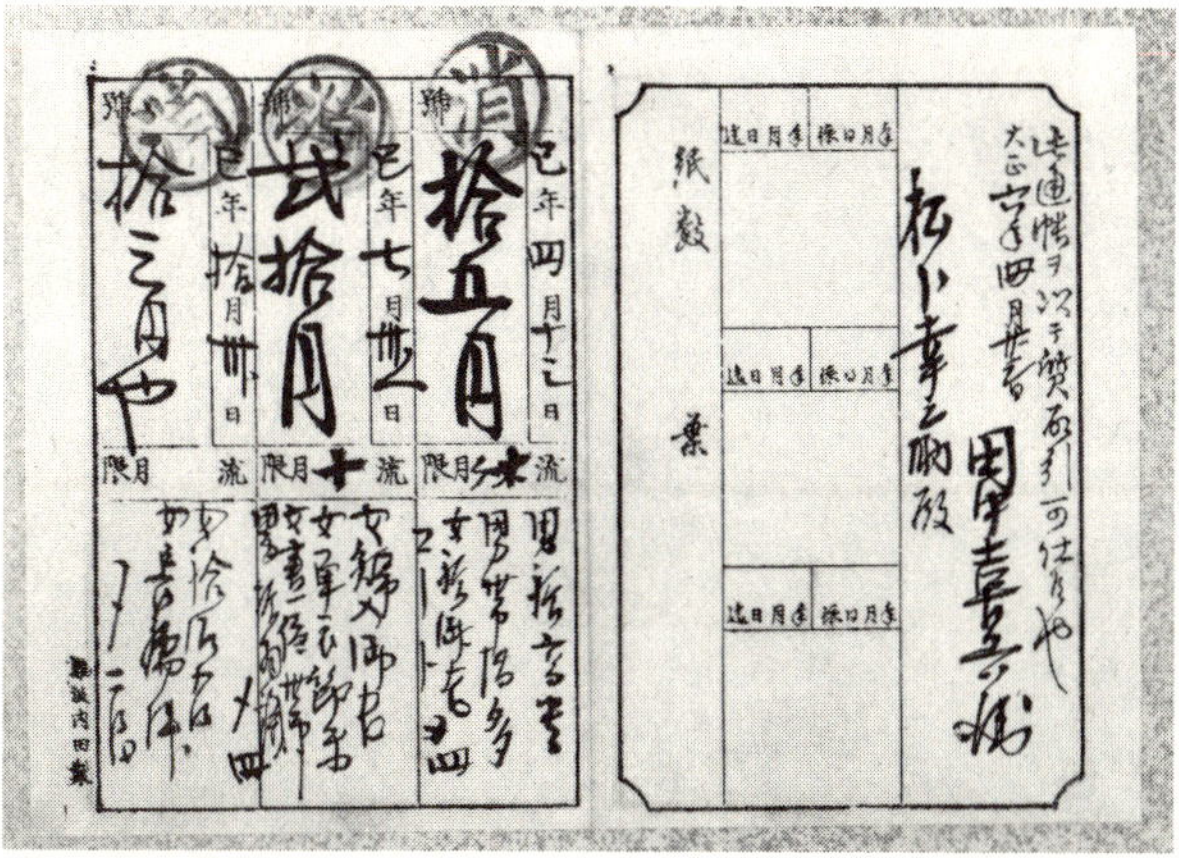

質屋の通い帳

令や、給与の明細書、退社したときに受けた退職金の支給辞令などが一枚も紛失せずに出てきたのである。

そのなかには、幸之助が大正六年に電灯会社をやめて、翌七年に松下電気器具製作所を開くまでの一年間に何回か利用した近所の質屋の通い帳などもまじっていた。

大正六年ごろの幸之助はといえば、独立して苦心の末につくったソケットは完成したものの、大阪じゅうを十日間駆けずりまわって、売れたのはようやく百個ほど。十円足らずの売上げを得ただけで、資金も乏しくなり、あすの生計さえどうなるかわからないというほどの困窮《こんきゅう》に陥っていた。

その困窮のほどは、その通い帳のなかに、妻むめのの着物や帯から指輪まで質入れされたと記されていることからも想像できる。

またその当時のこととして、幸之助が風呂に行くにも、風呂銭がないので、むめのがそれとなく話題を仕事のことにそらし、風呂のことを忘れさせたという逸話も残っている。

いくらで売ったらいいでしょう——世間に学ぶ姿

幸之助が初めてソケットを考案製造したときのことである。ソケットをつくりはしたが、いわばまったくの素人《しろうと》、それをいくらで売っていいかがわからない。

そこで幸之助は、さっそく、できたソケットをふろしきにくるんで、ある問屋を訪れた。

「実は私のところでこういうものをつくったんです。おたくで扱っていただけませんでしょうか」

問屋はソケットを手にとって、いろいろ吟味する。

「いかがでしょう」

「うん、ええやろ。うちで売ってあげよう。ところで、いったいいくらやねん」

幸之助は適当な値段を言いたいところであったが、言えなかった。いくらで売れればよいものか、それがわからないのだからしかたがない。それで正直に話した。

「実は、いくらで売ったらいいものか、私にはわからんのです」

「わからんでは商売にならんで」

「もちろん原価はわかっとるんですが……」

「なるほど、原価がそれくらいなら、このくらいの値段で売ったらええな」

問屋がソロバンを置きながら考えてくれる。なかには、世間の相場を考慮して、値段を考えてくれる問屋まであった。

幸之助が商売を始めた当初は、こうした姿のくり返しであった。

創業の家。大正７年３月７日、大阪市北区西野田大開町（現福島区大開）で松下電気器具製作所を創立

煉物技術の公開——人を育てるために

大正七、八年ごろ、ソケットやプラグ、扇風機の碍盤《がいばん》（扇風機の速度調整スイッチを取り付ける絶縁体）の材料はアスファルトや石綿、石粉などを調合してつくる煉物《ねりもの》といわれるものであった。その煉物の技術は、今でいえば企業秘密、多くの工場では、技術が外にもれることを恐れ、工場主の兄弟とか親戚などにしかその製法を教えていなかった。

しかし、幸之助は当時一般的であったそうした行き方をとらなかった。

〝煉物の技術を秘密技術として見てい

くことは、製作するにあたって、秘密が外にもれないようにと、それだけよけいに気を使わなくてはならない。これはまことに能率が悪い。それに、同じ工場で働く仲間同士のあいだに秘密があって、はたしてよいものかどうか〟

幸之助はいろいろ考えた末、一つの結論を出した。つまり、思い切って製法を身内だけの秘密にするのはやめ、新しく入った者にも教えることにしたのである。

すると、ある同業者が幸之助の行き方を見て言った。

「松下さん、あなたのやり方はまことに危険だ。新しく入った人にまで製法を教えるということは、それはもう技術の秘密を公開するようなものだ。そうすると同業者も増えかねない。お互いのマイナスにもなり、松下さんのマイナスにもなるのではないですか」

それに対して幸之助は、

「そう心配はいらないと思います。その仕事が秘密の仕事ということを話しておけば、あなたが恐れるほどむやみに裏切って、みだりに他へもらしたりするものではないと思います。要は、お互いに相互信頼をもつことだと考えます。

一つのことにとらわれて、いじましい経営をすることは、事業を伸ばすことにつながらないばかりか、人を育てる道でもないと考えていますから、そう好んで公開するわけではありませんが、この人はという人であれば、きょう入った小僧さんにでも技術を教えていくつもりです」

と話した。

するとその人は、「そういう見方もあるのかね」と、半信半疑の体《てい》であったが、実際、技術を公開してからの幸之助の工場は、気分的に明るくなり、みな生き生きと働くようになった。

商人としての幸之助の独創性を示す好例が、大正十二年の「砲弾型電池式自転車ランプ」の発売である。

当時、自転車の灯火の大半がロウソクか石油ランプで、風ですぐ消える不便なものであった。電池式もあったが、寿命は二、三時間で故障も多く実用的ではなかった。そこで幸之助は半年間に数十個以上の試作品をつくった末に、三十〜四十時間も点灯し、デザインも斬新という製品をつくった。

大正12年発売の砲弾型電池式自転車ランプ

大正９年発売の二灯用クラスター（通称“二股ソケット”）

大正７年発売の二灯用差しこみプラグ

ところが、どの問屋も、電池式ランプはダメだという根強い先入観をもっており、幸之助がどんなに熱心に説明してもとりあってくれない。この間、製品ストックが三千～四千個もたまってしまい、窮地に追いこまれる。

しかし幸之助は絶望することなく、問屋が取り扱ってくれないのは製品の真価を理解していないからだと考え、直接小売店に無償で置いて回り、実際に点灯実験をしたうえで、結果がよければ買ってもらうという類例のない方法をとった。ダメなら工場は倒産するという、まさに背水の陣であった。

結果は大成功、その真価を知った小売店

から次々と注文が入り、二、三カ月後には月二千個も売れるようになる。翌十三年には月一万個以上売れる主力商品に成長した。

信用をかたちに表わしてほしい——銀行に対して堂々と

松下電器が住友銀行と取引を始めたのは、昭和二年のことである。当時、松下電器はおもに十五銀行と取引していたが、大正十四年、近くに住友銀行の支店が開設され、行員から盛んに勧誘を受けるようになった。その熱心さにほだされて、取引してもよいという気になった幸之助は、そのとき一つの条件をつけた。それは、取引前に、二万円までは必要に応じて無条件に貸し付けることを約束してほしい、ということであった。

しかし、銀行からは、貸付は希望にそうようにするが、その前にまず口座を開いて取引をしてもらいたいと言ってきた。

幸之助は納得できなかった。単に取引するだけなら、新たに住友銀行と取引を開始する意味はない。取引を始めるにはそれなりに松下電器の信用を認め、それをかたちに表わしてほしいというのが幸之助の思いである。そこで行員にこう言った。

「信用して取引する以上、開始にあたって貸付を約束することも、取引後に貸すことも同じではありませんか。ぼくの条件が容れられないということは、私どもをほんとうに信用してくださってはいないということでしょう。ですから、取引開始にあたっては、どうしても私どもの条件をのんでいただきたいのです。こちらは急ぎませんから、一度、徹底的に松下電器を調査してください。調査し直して、それで得心《とくしん》がいけば貸付の約束をするということで結構です。支店長さんともよく相談してください。私が一度お会いしてもいいです」

数日後、その行員の仲介で幸之助は支店長に会ったが、そのとき幸之助は自分の考えを説いた。

「取引というものは、大なり小なり信用があってできるものです。十分調査すれば、一定の範囲で信用というものがわかるはずです。にもかかわらずお約束いただけないということは、私どもを真に信用していただいていないことと同じです。そうであれば特に取引の必要はないと思うのです」

幸之助の話を静かに聞いていた支店長は、大きくうなずいて言った。

「わかりました。あなたのお話には感銘を受けました。私も長いこと銀行勤めをしていますが、まだ取引もせぬ前から、無条件貸付を要求されたのは初めてですよ。本店ともよく相談し、一度調査をさせていただき、必ずご希望にそえるよう私も大いに努力してみたいと思いますから……」

こうして、松下電器の調査が行われ、支店長も奔走して、二万円無条件貸付という前例のない約束のもと、住友銀行との取引が開始されたのである。

乾電池を一万個タダでください――大胆な提案

「ハハア！　タダで乾電池を一万個、あなたにあげる？」

幸之助の計画を聞くと、東京の乾電池会社の社長はそう言って驚いた。

驚くのも無理はない。幸之助の計画とは、昭和二年に新たに開発した角型ナショナルランプを販売するにあたって、宣伝見本として各方面に一万個を配りたいので、ついてはその見本に入れる乾電池一万個をぜひ提供してほしいというものであった。

「松下さん、そりゃ少し乱暴じゃありませんか」

「社長さん、あなたが驚かれるのも無理はありませんが、私はこの方法に非常な確信をもっているのです。しかし、一万個もの電池を故なくタダでもらおうとは思っていません。それには条件をつけましょう」

その条件とは、年内に乾電池二十万個を売る。そのときに一万個まけてほしい。もちろん売れなかった場合には一個もまけてもらわなくてよい、ということであった。

「私が商売を始めてからこの方、こんな交渉はただの一度も受けたことがない。よろしい、年内に二十万個売ってくれるのなら、一万個はのしをつけてきみにあげよう」

いよいよ乾電池とともにナシ

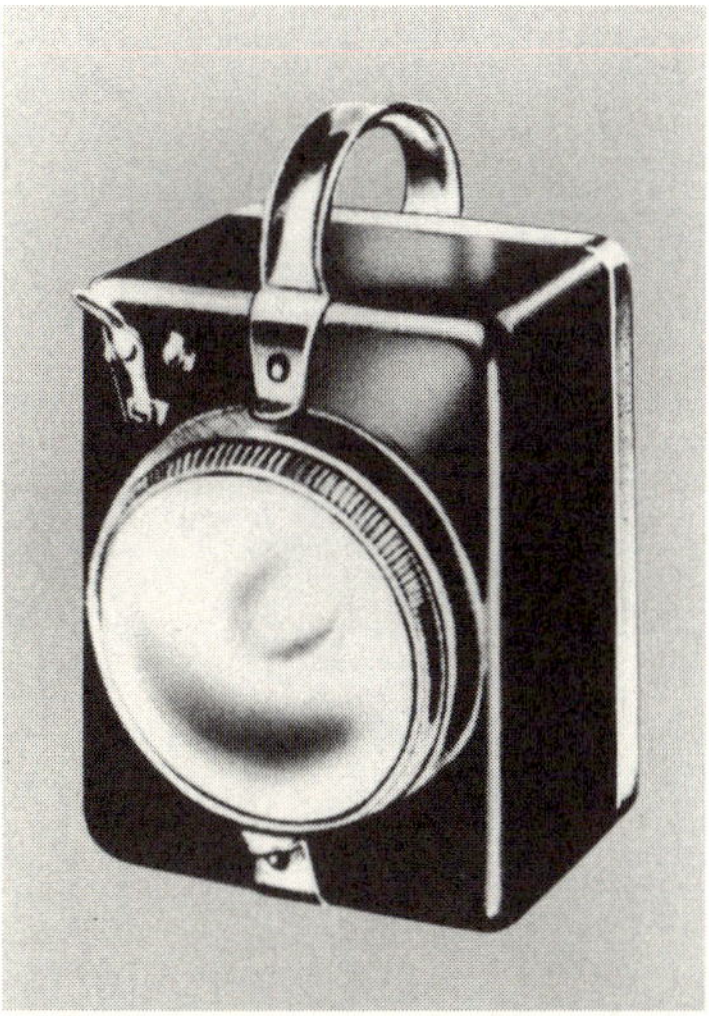
昭和２年発売の角型ナショナルランプ

ヨナルランプ一万個を市場に配ることになった。しかし、一万個という数はいかにも大きい。また、ランプそのものが高価なものである。あげるにしても、もらうにしても一個ずつであった。だから、千個ほども配ったと思う時分には、その見本が注文を呼んで、次々と注文が殺到した。そしてその年の十二月までに、松下電器は四十七万個の乾電池を引き取っていたのである。

翌昭和三年一月二日、幸之助の家を訪ねる人がいた。紋付の羽織、袴に威儀を正した乾電池会社の社長がわざわざ東京から大阪まで出向いてきたのである。

「松下さん、きょうはお礼を言いにきました」

社長は感謝状を添えて、乾電池一万個分の代金千五百円を幸之助に渡したのだった。

昭和二年の金融恐慌に追い討ちをかけるように、昭和四年十月二十四日、ウォール街での株価大暴落を契機に世界恐慌が勃発《ぼっぱつ》した。日本経済も痛烈な打撃を受け、松下電器も年末には売上げが止まり、倉庫は在庫でいっぱいに

なった。

　そのころ幸之助は体調を崩して自宅療養の身であったが、枕元に幹部がやってきて、この窮状を乗り切るには従業員を半減するしかないと進言した。それまで良案が浮かばなかった幸之助だが、この進言を聞いた途端《とたん》、打開の道がひらめき、「生産は半減するが、従業員は解雇してはならない。給与も全額支給する。その代わり店員は休日を返上して販売に全力をあげること」と指示した。

　この方針は全従業員に快哉《かいさい》をもって迎えられ、その実行に一致団結した結果、二カ月後の昭和五年二月にはストックは一掃され、それどころかフル生産に入るほどの活況を呈《てい》するようになった。

「産業人の使命」を知った日――経営に魂が入る

　昭和四年の未曾有《みぞう》の不況を乗り切ってから三年、松下電器は順調な歩みを見せていた。店員約二百人、工員約千人。事業分野も、配線器具、電熱器、ランプ・乾電池、ラジオの四部門、製造品目も二百点余を数えるまでの規模に成長していた。しかし、幸之助は、こうした伸展を喜びつつも、まだみずからの経営に何かもの足りない一面を感じていた。

そんなある日、幸之助は知人の勧めで、ある宗教団体の本部を見学する機会を得た。熱心な勧めにほだされての見学であったが、行ってみて驚いた。本殿《ほんでん》の大きさ、用材の素晴らしさ、普請《ふしん》の見事さ、それにチリ一つ落ちていない清浄な雰囲気。教祖殿は建築の真っ最中であったが、現場で作業している人たちはみな奉仕の信者で、生き生きと喜びにあふれて仕事に取り組んでいた。

帰りの車中で、幸之助の頭に、その日見た光景が次々に浮かんでくる。夜、床についてもその日の興奮はさめずなかなか寝つかれない。

〝なんという繁栄ぶりか、なんと立派な経営か。不景気で倒産が出たりするわれわれの業界とたいへんな違いじゃないか。どこが違うのだろう。宗教の仕事とはいったい何だろう〟

幸之助は、宗教と事業というものに思いをめぐらせた。

〝宗教は悩んでいる多くの人々を導き、安心を与え、人生を幸福にしようとす

創業記念式典の様子。壇上は幸之助。松下電器の創業は大正7年3月7日であるが、創業記念日は5月5日となっている。幸之助が、松下電器の真の使命を従業員に明らかにした昭和7年5月5日を、真の創業に入る記念すべき日として創業記念日と制定したことによる。写真は第2回創業記念式典のもの

る、いわば「聖なる事業」である。しかし、われわれの仕事もまた、人間生活の維持向上に必要な物資を生産する「聖なる事業」ではないか。人間生活は、精神的安心と、物の豊かさとによって、その幸福が維持され、向上が続けられる。よく考えれば、どちらも世の中に必要なもの、いわば車の両輪のようなものだ。事業はその一方の「物」を、宗教はもう一方の「心」を受けもっている。心のほうの製造元は繁栄そのものなのに、物の製造元のほうはさまざまな問題に悩んでいる。宗教は人を救うという強い信念をもってやってきたが、われわれ商売人は、物

を買ってもらい儲けさせてもらう、という通念でやってきた。そこに両者の開きが出てきている原因があるのではないか。われわれ産業人も自分がやっていることの究極の意義をしっかりと自覚しなければならないのではないか〟

幸之助はこのときから、真の使命の確立へ具体的に動き始めた。そして、昭和七年五月五日、端午《たんご》の節句を期して、全店員を大阪の堂島にある中央電気倶楽部に集め、松下電器の真の使命を明らかにしたのである。

「……産業人の使命は貧乏の克服である。社会全体を貧より救って、これを富ましめることである。商売や生産の目的は、その商店や工場を繁栄させるのではなく、その活動によって社会を富ましめるところにある。その意味においてのみ、その商店なり、その工場が盛大となり繁栄していくことが許されるのである。……松下電器の真の使命は、生産に次ぐ生産により、物資を無尽蔵にして、楽土を建設することである……」

切々と訴える幸之助の声が会場に響く。店員のなかには、その真情を吐露《とろ》した使命感に接し、体をふるわせ、涙する者もいた。

幸之助の話が終わると、参加者がわれ先に壇上に駆けあがった。所感を発表

昭和８年竣工の門真本店・工場

したいというのである。老いも若きも、先輩も後輩もない。壇上を占拠して次々と所感を述べる。司会者がドラを叩いて交替を告げる。一人のもち時間が三分、二分、一分としだいに短くなっていく。それでもほとんど全員が何かひと言は述べた。場内は騒然とした興奮状態である。幸之助も言いようのない感激に顔を紅潮させ、その反響に驚くばかりだった。

そのときから、松下電器の発展はさらに力強いものとなった。

鬼門、気にせんとこ！ ――本社を移転

昭和八年、松下電器は大阪の北東郊外に位置する門真《かどま》村（現門真市）に新本店と工場群を建設し、事業の本拠をここに移した。大開《おおひらき》町の工場では、

日々の生産が追いつかなくなったからである。

寝屋川流域にある門真は、河内名産の蓮根畑が見られる田園地帯だったが、区画整理がすんで売りに出された土地があった。どこかいい土地はないかと探していた幸之助が一見してここがいいと決めたのである。

ところが、大阪から見て門真は北東、表鬼門《きもん》である。いやがる者も少なくない。「方位の悪いほうへわざわざ行くなんて、やめたほうがよろしいで」と、忠告してくれる者もあった。

〝なるほど、そう言われてみればそうだな……〟

気にし出すと気になるものである。しかし、鬼門だからといって門真進出をあっさりあきらめてしまうわけにはいかない。大阪市内では、十分な土地を確保することはできない。将来の発展ということを考えてもこの門真しかない。どうにか門真進出を果たしたい、しかし鬼門だというのもひっかかる。

いろいろと考えているうちに、幸之助の頭にふっとひらめくものがあった。

〝北東にあたるのが鬼門だというが、南西から北東にのびる日本はいったいどうなるのだ。どこへ行っても鬼門ばかりで、日本国民は全部、日本の国から出ていかねばならなくなる。そうしてみると、門真は確かに大阪の鬼門だが、鬼門であること自体は気にすることはない〟

こう考えると幸之助の胸はすっと楽になった。

〝かまわん、気にせんとこ〟

幸之助は門真進出を決断した。

最大の試練を迎えて

昭和十六年十二月八日、太平洋戦争が始まった。ときに幸之助四十七歳。松下電器も軍の要請を受け、航空機用の電装品・無線機、携帯無線機、方向探知機、レーダーなどの生産を始めた。そして昭和十八年四月、国からの強い要請で松下造船株式会社を設立、十月には松下飛行機株式会社を設立した。

この造船、飛行機の製造が、戦後、松下電器が制限会社の指定や財閥《ざいばつ》家族の指定を受けたり、幸之助自身が公職追放になる原因となった。またこれらの会社は幸之助個人が借金してつくったため、代金不払いによる膨大な借金が幸之助を襲うことにもなった。しかし反面、「分野外の未知の事業でも、全員が一丸となって当たれば、おのずと知恵、才覚が湧いてきて、どんな困難でも克服できることを知った、貴重な体験であった」と幸之助は述懐《じゅっかい》している。

労組結成大会での祝辞――大拍手を受けた理由とは

終戦直後の民主化の波のなか、各地で労働組合が生まれつつあった。昭和二十一年一月、松下電器においても労働組合が結成され、その結成大会が大阪中之島の中央公会堂で開かれた。

「社長として祝辞の一つも言わねばなるまい」

大会が開かれると聞かされたときからそう考えていた幸之助は、当日、会場へ出向いた。満員の盛況である。

しかし、祝辞を述べたいという幸之助の希望は、すぐには容れられなかった。

「少々お待ちください。みんなと相談しますから」

議長が会場に向かい、幸之助の祝辞を受け入れたものかどうか賛否を問うている。「やめとけ」「出ていけ」「いや聞いてやれ」という意見が入り乱れ、騒然となったが、結局、大方の賛意が得られ、幸之助はやっと登壇を許された。

「これからの日本は、破壊された状態から復興へと立ちあがる大切な時期だ。

労働組合の誕生は、真の民主主義に基づく新しい日本を建設するうえにおいて非常に喜ばしいことであり、私は心から祝意を表したい。私は基本的には労働組合に賛成するものである。組合ではいろいろなことが決議され、また会社に対して提案や要望も出てくるであろう。それが国家国民のため、皆さんのためになることであれば、喜んで聞いていこう。けれども聞くべきでないことは聞かない。そして、ともどもに力を合わせて日本再建に努力していこうではないか」

三分間ほどの短い祝辞であったが、会場からわれんばかりの大拍手がわき起こった。

その晩、大会に来賓として出席していた社会党の代議士が幸之助を訪ねてきてこう言った。

「私は長いあいだ労働運動を続け、ずいぶんたくさんの労働組合をつくってきたが、どの組合でも社長、経営者の悪口を言っているし、経営者のほうでも労組の結成式などには出てこない。しかし、あなたは敢然《かんぜん》として出席し、満場の拍手喝采を受けて引きあげた。こんなことはあなたが初めてだ。私は非常に感銘した。だからこうして来たのです」

混乱の渦中でも公正を守る――経営者には信念がいる！

戦争直後の松下電器は、制限会社の指定、財閥家族の指定など七項目に及ぶ制約を受けて、思うように仕事ができない状態であった。

一方、世の中のインフレは進み、生活は日に日に苦しくなっていく。従業員のために大幅な賃上げをしたいが、会社にもそれだけの余裕がなかった。

そうしたなかでは、労働組合からこんな要求が出たのも無理はなかった。

「よそではみな現物給与をやっている。松下電器でも、給料を電球で現物支給してほしい」

当時は電球一個を米一升と換えることができた。いわゆるヤミ値で、公定価格四円二十五銭の電球が、百円くらいで売れるのである。人情として無理からぬ要求である。幸之助は例外として一度だけその要求に応じたが、それ以外は頑としてその要求を受け入れなかった。

「電球を現物支給すれば、それはヤミを助長し、ただでさえ不足している電球がさらに一般社会に供給されにくくなってしまう。そういうことは松下電器としてすべきではない」

幸之助にそうした強い信念があったからである。

財閥指定に三年半抗議――最大の試練

昭和二十一年六月、松下家は財閥家族の指定を受け、資産が凍結された。幸之助自身の財産であるにもかかわらず、GHQの認可なしには勝手に資産にふれることができない。そればかりでなく、財閥家族に指定されると会社をやめなくてはならない。実際、幸之助同様、指定を受けた十三社の社長はみな辞職してしまった。しかし、幸之助はやめなかった。その指定は不当だと確信していたからである。

〝自分は財閥ではない。確かに松下電器を書類の上で見ると、子会社がずらりと並んでいる。そのなかには造船会社もあれば飛行機会社もあり、一見財閥のように見える。しかしその実情は船も飛行機も軍の命令を受けて木でつくったものにすぎない。しかも飛行機などは三機飛んだだけである。しかし書類上ではそういう実情がわからないから、これは立派な財閥だとGHQは判断したのだろう。

だからこれは誤った指定である。こういう誤った指定でも従わなければならないのだろうか。これでは、人を殺したこともないのに人殺しとして死刑の判決を受けたようなものではないか〟

そう考えた幸之助は、GHQに対して誤った指定取消しの抗議をしようと決意した。

しかし、幸之助が抗議をしたからといって簡単に指定が解除されることはなかった。また幸之助のほうも、そう容易にはあきらめない。くり返しくり返しGHQに足を運んで抗議を続けた。

その過程では、資産が凍結され家事手伝いの女性に給料を払うのもGHQの許可をもらうというような状態であった。だから、生活はドン底に陥り、自宅の冷蔵庫の中にはサツマイモのツルしか入っていなかったこともあった。

しかたなく幸之助は親しい友人に日々の生活費を借りてまわらねばならなかった。

しかし、それでも幸之助はあきらめなかった。超満員の不便な列車に乗って大阪から東京まで出向いて抗議すること五十数回、五千ページにものぼる資料を提供して、財閥ではないという証明をし続けた努力が実り、昭和二十四年十二月、幸之助はようやく財閥家族の指定を解除されたのである。

昭和二十一年十一月三日、幸之助はPHP研究所を創設した。戦後の悪性インフレ、大凶作による食料不足、道徳の乱れ、人心の荒廃、それに対する政府の無策、そして松下電器が思うように物をつくれない苛立《いらだ》ち……。

幸之助は考えた。

〝正直に、誠実に働いている人間がなぜこれほど苦しまなければならないのか。人間には本来、平和で幸せな生活を実現する力が与えられているはずである。衆知を集めて考えていけば、必ずや豊かで平和な生活、幸せな生活が実現できるはずだ。この世に物心一如《ぶっしんいちにょ》の繁栄をもたらすことによって、真の平和と幸福を実現する道を探究しよう〟

その願いに立ってPHP（Peace and Happiness through Prosperity＝繁

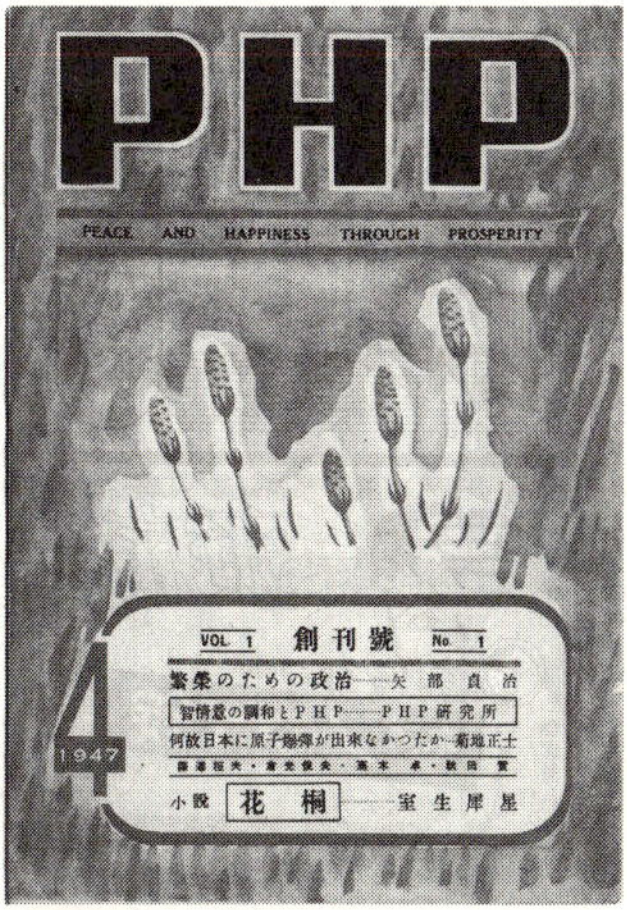

月刊誌『ＰＨＰ』創刊号

栄によって平和と幸福を）は生まれたのである。翌二十二年四月には月刊誌『ＰＨＰ』を創刊。幸之助はみずから各地に出向き、研究会や勉強会を開いてＰＨＰの趣旨を訴えかけた。

復活、そして飛躍のとき

フィリップス社との技術提携――成長のための大決断

昭和二十六年初頭にアメリカを初めて訪問し、欧米の最新技術を導入することが、戦後の日本の復興再建には不可欠と考えるにいたった幸之助は、同年十月から十二月にかけて具体的な提携先を求めて欧米に出向いた。その結果、オランダのフィリップス社と技術提携の交渉をすることになった。

幸之助が提携相手にフィリップス社を選んだのは、技術がすぐれていることはもちろん、個人経営から出発して六十数年をかけて大きくなった歩みが松下電器と似ていること、またオランダという小さい国柄が日本に向いているのではないか、と考えたことからであった。

昭和27年10月16日、フィリップス社との技術提携の調印式

しかし、そこに一つの大きな問題が浮上した。技術援助料が高いのである。フィリップス社は七パーセントを要求してきた。

「アメリカの企業は三パーセントなのに、なぜおたくは七パーセントもの技術援助料を要求するのだ。ちょっと高すぎるのではないか」

フィリップス社はそれに答えて、

「わが社と提携すれば必ず成功する。それだけの責任をもつし、過去の実績を見ても、それはわかるだろう」

という。たいへんな自信である。しかし、交渉を進めるうちに技術援助料は四・五パーセントまで譲歩してくれた。しかし、それでもまだ高い。

幸之助は、なぜフィリップス社の技術援助料がそんなにも高いのか、静かに考えてみた。

〝アメリカの技術も、フィリップス社の技術も、技術それ自体はそんなに大きな差があるわけではなかろう。にもかかわらず、それだけの値段の差があるというのは、それは技術以外の面、すなわちその技術をいかにして活用し成果をあげていくか、そうした面に違いがあるのだろう。しかし、待てよ。それならば……〟

幸之助はあることに思いいたった。

〝技術を導入する側によっても、その成功の度合いが異なるはずではないか。言ってみれば、学校だって、いくら先生が上手に教えても、生徒によっては十分にそれが生かせない生徒もあれば、反対に十二分に理解し体得する生徒もいるだろう。手のかかる生徒もいれば、手のかからない生徒もいるわけだ。そう考えると、フィリップス社の言い分は、先生がいいから七パーセントだと言っているのと同じだ。それは生徒の側を無視した考え方ではないか！〟

そこで幸之助は、このような意向を伝えた。

「フィリップス社が松下電器と契約したならば、フィリップス社がこれまでに契約したどの会社よりも大きな成功をおさめることができる。他の会社との場合を百とするならば、松下電器とならば三百の成功をおさめることができるだろう。松下電器の経営にはそれだけの価値があるのだ。だから松下電器の経営の価値に対して、経営指導料として三パーセント、フィリップス社の技術援助料は四・五パーセントとしてはどうだろうか」

フィリップス社側は驚いた。

「いまだかつてわれわれはそんな経営指導料などというものを払ったことはない。そんなことを耳にするのは初めてだ」

双方いろいろと意見を述べあった。しかし、松下側が熱心に説いていくうちに、やがて理解も納得も得られ、幸之助の提案どおり技術提携の話はまとまったのである。

昭和三十六年一月の経営方針発表会で、方針を発表して壇を降りた幸之助は、まだ拍手の鳴りやまないうちに再び登壇した。そこで「昨年は、皆さんのご協力を得て、五カ年計画（昭和三十一年一月の経営方針発表会で、幸之助は二百二十億円の売上げを五年後に八百億円まで高めようという五カ年計画を発表した）も無事に終了し、私もちょうど満六十五歳。かねてから適当な時期に社長を退かねばならないと思い、数え年五十歳のときに〝陽洲《ようしゅう》〟という号をつけて引退しようと考えたが、ときあたかも戦時中で実行できず、戦後の困難な時期にも責任上引退できないままに、昭和二十六年から再建にとりかかった。それから十年、今日この盛況を見ることができたのは、まことにうれしい。そこで、いろいろ考えた末に、この際社長を退き、会長として後方から経営を見守っていきたい。私が引退しても、経営は十分にやっていけると思う。これを転機に、新たな構想のもとに活動してほしい」と述べた。まったく予期せぬ幸之助の退任の弁に、会場は一瞬どよめき、そして静かになった。

幸之助は会長に退いたのを機に、昭和二十五年に経営再建のため中断したPHP研究を再開した。昭和三十六年八月、京都東山山麓に得た一庵を

「真々庵《しんしんあん》（現松下真々庵）」と名づけ、ここをPHP研究の本拠地と定めて、十人余りの研究所員とともに研究に没頭したのである。これによって、昭和二十二年以来発行してきた『PHP』誌の編集に加えて、さまざまな活動が展開されていくことになった。

真々庵の庭を散策する幸之助。
昭和48年ころ撮影

涙の熱海会談——みずから指揮した大イノベーション

昭和三十九年当時といえば、各業界とも深刻な不況に直面しつつあった。電機業界も例外ではなく、全国の松下電器系列の販売店、代理店も厳しい状況にあるという。ただならぬ事態を察知した幸之助は、一度その実情を自分の耳で確かめてみたいと、その年の七月、熱海ニューフジヤホテルに全国の販売会社、代理店百七十社の社長を招いて懇談会を開いた。

いざ会談のフタを開けると、集まった販売会社、代理店の社長の口からは、松下電器の行き方に対する非難が異口同音に発せられた。

「うちは松下以外のものは扱っていない。松下のものだけだ。それで損をしている。赤字だ。どうしてくれるんだ」

「親の代から松下の代理店をやっているのに赤字続きだ。いったい松下はどうしてくれるのだ」

なかには儲かっている販売会社、代理店もあるが、それは一部だけで、会談の一日目はそうした不満の声を聞きつつ終わった。

全国販売会社代理店社長懇談会（通称“熱海会談”）の模様。
壇上は幸之助

二日目に入っても、出てくるのは一日目同様、松下電器に対する不満ばかりである。それに対し幸之助も反論した。

「赤字を出すのはやはり、その会社の経営の仕方が間違っているからだと思います。皆さんは松下電器に甘えている部分がありはしませんか」

そうこうするうちに、会談は三日目に入った。しかし、三日目になっても苦情は出続けた。幸之助はこのままで終わってはいけない、何か結論を出すべきだと考えたが、結論といってもどのような結論があるのか。相変わらず議論は平行線をたどっている。そんななかで幸之助は、これまでのお互いの主張を静かにふり返ってみた。

〝不平、不満は、一面、販売会社、代理店自身の経営の甘さから出てきたということもできる。しかし、静かに考えてみると、松下電器にも改めねばならない問題がたくさんあるのではないか。責任は松下電器にもある。いや責任の大半が松下電器にあるのではないだろうか〟

幸之助は壇上から語りかけるように話し出した。

「皆さん方が言われる不平、不満は一面もっともだと思います。よくよく考えてみますと、結局は松下電器が悪かったのです。この一語に尽きます。皆さん方に対する松下のお世話の仕方が不十分でした。不況なら不況で、それをうまく切り抜ける道はあったはずです。それができなかったのは松下電器の落ち度です。ほんとうに申しわけありません。

今私はふと昔のことを思い出しました。

昔、松下電器で電球をつくり、売りにいったときのことです。『今はまだ幕下でも、将来はきっと横綱になってみせます。どうかこの電球を買ってください』。私はこうお願いして売って歩きました。皆さんは、『きみがそこまで決意して言うなら売ってあげよう』と言って、大いに売ってくださいました。そのおかげで松下電器の電球は一足飛びに横綱になり、会社も盛大になりました。そういうことを考えるにつけ、今日、こうして松下電器があるのは、ほんとうに皆さんのおかげです。私どもはひと言も文句を言える義理ではないのです。これからは心を入れ替えて出直します」

そう話しているうちに、幸之助は目頭が熱くなり絶句してしまった。会場もいつしか静まりかえり、出席者の半分以上は、ハンカチで目をおさえていた。三日間にわたる激論の結果、懇談会は最後に心あたたまる感動のうちに終わった。販売会社、代理店、そして松下電器はお互いに気持ちを引き締めあった。

この会談のあと、八月一日から、病気休養中の営業本部長を代行した幸之助を中心に、新しい販売制度が生み出され、その新制度のもとに協力体制が敷かれて、一年後には事態は好転した。

憂国の思いはやまず

自分の頭をなでてやりたい――引退のとき

昭和四十八年七月、幸之助は会長を退任し、相談役に就任した。そのときの記者会見で「今の感慨は?」と問われ、つぎのように答えた。

「まあ非常によかったたという感じで今、胸がいっぱいです。五十五年というと相当長い期間でございますが、その間、第一、体がよくもったということですな。そういうことで、現業に立って五十五年、無事に勤められたということは、これは非常に私個人にとって結構なありがたいことであったと、こういうように思います。

まあ〝自分ながらよくやったな〟ということで、自分の頭をこうなでてやりたいような感じですな」

六十年間、ありがとう――社員に対してのメッセージ

昭和五十三年一月十日。当時、松下電器では毎年この日に経営方針発表会を行なっていたが、とりわけ昭和五十三年のそれは、創業六十周年にあたることもあり、例年にも増して、意義深い日であった。

その日、幸之助も例年どおり経営方針発表会に出席し、つぎのような挨拶をした。

「今から六十年前に、松下電器を創立したときは、わずか三人でした。六十年後の今日では、松下電器は六万人を超える人数になっています。関係会社を入れると十五万、そういう人たちが、みんな松下電器で仕事をしているのかと思うと、私としては夢のようです。

六十年といいますと、個人であれば還暦《かんれき》ということで、またもとへ返って、もう一度一からやり直すというならわしがあります。松下電器も本日もう一ぺんもとに返って、十五万人から再出発するのです。

創業60周年にあたる昭和53年の経営方針発表会での幸之助

このつぎの六十年には、私はおりませんでしょう。皆さんもいないかもしれません。しかし、とにかく発展したその巨大なる姿は、想像もつかないほどになっていると思います。

私は、この六十年間に、これだけの仕事をしてくださった皆さんに、心からお礼を申しあげます」

幸之助はそう言うと、演壇から歩み出て深々と三度頭を下げた。

「皆さんどうもありがとう」

幸之助が頭を下げるたびに、会場に大きな拍手がわきあがった。

松下政経塾構想――リーダーを育てなければならない

昭和四十一年十一月、幸之助が昭和二十七年から主宰していた「新政治経済研究会」の解散会でのことである。参加者は同会の常任世話人及び研究参与の二十名。会が半ばを過ぎたころ、突然幸之助が立ちあがり、「政経塾」を設立する構想について話し始めた。その趣意書が参加者に渡され、秘書が読みあげた。幸之助は、みずからの思いを切々と訴えた。

しかし、反応はきわめてさめたもので、賛意を表わす人は一人もいなかった。

「松下さん、あなたは経営をやっていればいいの。汚い政治に手を出せば、あなたの名声は失われてしまいますよ」

数日後、解散会に出席していた社員が幸之助に呼ばれた。

「あの席であまり発言されなかったこの四人の方々のお宅に伺って、意見を聞いてきてほしい」

その答えも同様で、賛成する人は一人もない。

松下政経塾で若き塾生たちと和やかに話す

報告を受けた幸之助は、「そうか。ご苦労さん」と言っただけであった。社員はその後、「政経塾」のことはすっかり忘れてしまった。

昭和五十三年に改めて「松下政経塾構想」が発表され、翌年、構想は実現した。社員は幸之助に、なぜ今決心をしたのか尋ねた。

「今度も反対されるかと思っていたが、だれも反対しない。それどころか逆に大いにやりなさいという。時代が変わったんやな」

私案を最初に公表してから十二年余りがたっていた。

二十一世紀は無税国家や――日本をどうする？

幸之助がまもなく満九十歳の誕生日を迎えようとしていた昭和五十九年のある日、たまたま訪れた社員にこんなことをもらしている。

「十一月二十七日で九十歳やから、二十七日になったらもう一回一から出直しや。そうしようと思っておるんや。それで、今考えとるのは、自分なりに勉強しようと思ってな。これまでも、一所懸命やってきたつもりやけど、もっともっと人生や社会の勉強をしないかん。そして、世の中の役に立つような仕事をしていきたいのや。やらんならん仕事はいっぱいあるからな。そのためにも、あと四十年は生きないかん。

とにかく、今のままでは国はつぶれてしまうわ。国家の経営というか、政治やな、それを根本的に変えんといかんときになっとるんやけど、みんな気ィついておらんな。

結局、無税国家やな、無税国家……。あれ、わしはずいぶん前に言うたけどな、そのときはみんな騒いだけど、ほんとうはあまりわからんかったんやろな。けど、やっぱりこれしかないな。やがて無税国家にせんといかんとみんな言い出すようになる。二十一世紀になったらな、世界の大半の国が無税国家をめざすようになるとわしは思う。

そして、さらに進んでは、収益分配国家や。税金納めんでいいばかりか、国からみんな金がもらえると。こんなええことないで。きみ、金出すより、もらったほうがええやろ」

幸之助の目は常に未来を向いていた。九十歳になっても、日本や世界の現状を憂え、二十一世紀に思いを馳せていた。

昭和六十一年十一月二十七日、幸之助の九十二歳の誕生日に、松下労組から結成四十周年を記念して「松下幸之助翁寿像」が贈られた。そして翌六十二年、民間最高位である勲一等旭日桐《きょくじつとう》花《か》大綬章《だいじゅしょう》を受章した。

「お願いするのは私です」——最期の言葉

平成元年５月25日に行われた松下グループの合同葬

幸之助は平成元年四月二十七日、午前十時六分に亡くなった。最後まで治療にあたったのは松下記念病院の当時の院長である。

院長によると、幸之助の健康に異変が生じたのは四月六日。風邪をひいて三十八度の高熱が出たので、レントゲン撮影をすると気管支肺炎とわかった。

幸之助は二年ほど前から声帯の萎《い》縮《しゅく》によって声がほとんど出せない状態で、声をかけても小さな声で「うん」とうなずくのがせいいっぱいだった。

四月二十日、院長が気管にたまった

たんをチューブで吸い出す際に、「これから管を喉に入れます。ご辛抱くださ い」と声をかけると、幸之助はふりしぼるように、「いやいや、お願いするの は私です」と、低くかすれた声で答えた。これが幸之助の最後の言葉となった という。

院長は「あのひと言は終生忘れることができません。苦しい病の床にありな がらも相手を思いやる、松下さんのすべてを物語っている言葉だったと思いま す」と語っている。

法名は「光雲院釋真幸」。火鉢屋の小僧を振り出しに、二十三歳で会社を興し、戦争、不況と数々の難局を切り抜けて立志伝中の人物と評されるとともに、人々に夢を語り続けた、まさに雄渾《ゆうこん》壮大な生涯であった。

コラム

幸之助の生き抜く力　その1「素直」

素直な心になりましょう
素直な心はあなたを
強く正しく聡明にいたします

これは『ＰＨＰ』誌の目次のページに毎号掲げられている標語である。

松下幸之助は、昭和二十一年十一月、ＰＨＰ研究所を創設したが、この標語は、ＰＨＰ運動のスローガンとして同二十三年三月につくったものである。ただそのときは、「素直な心になりましょう」に続く言葉が、「人みなの教えが生き、心眼がひらけ、物の実相がつかめ、あなたのＰＨＰが招来する」となっている。現在の言葉になったのは、昭和二十四年二月、ポスターがつくられたときである。このように、幸之助はＰＨＰ活動を始めたころから素直な心の大切さを人々に訴え、みずからも素直な心になる努力を続けていた。それは生涯の目標であったといっても過言ではない。

素直というと、おとなしく、何でも人の言うことをよく聞いて、よかれあしかれ、言われたとおりに動くことだと解釈される場合もある。しかし、幸之助の言う「素直な心」は、もっと力強く積極的なもので、利害や感情、知識や先入観など、あらゆるものにとらわれず、物事をありのままに見る心である。したがって素直な心になれば、物事の実相が見えてくる。なすべきこと、なさざるべきこともわかってくる。そこから、なすべきをなし、なすべきでないことをなさない勇気も湧いてくる。さらには、寛容の心、慈悲の心も生まれて、人も物も一切を生かすような行き方がとれるようになる。また、どんな情勢の変化にも柔軟に対応ができ、日に新たな活動を生み出せる。だから、「素直な心はあなたを強く正しく聡明にする」と言うのである。

なおこの標語、『ＰＨＰ』誌には昭和四十年二月号から掲げられた。

素直
松下幸之助

PART II

松下幸之助が語る

仕事には哲学をもて！

「ただ商品をつくればいい」

「どんなやり方でもいいから売れればいい」

そのような気持ちで仕事をしていたらどうなるか。

成果はあがらなくなるし、仕事への意欲や誇りもいつしか失われてしまう。

松下幸之助は、あらゆる仕事に意義があると考えていた。

幸之助が語った言葉から、仕事の意義・哲学を考えよう。

販売・営業の哲学

1　お客様大事の心

■お得意様ほどありがたいものはない

昔、大阪の商人、江戸の商人におきましても、お得意先の方向には足を向けて寝てはならんということが、お店《たな》の教えとして長年にわたって伝えられておったことが、商店の一つの美徳といたしまして、いろんな書物に書き残されておることは、皆さんもご承知のとおりであります。自分の店の今日あるのは、結局は自分の店をごひいきくださるところのお得意先のおかげであるということで、足を向けてはいかんぞ、足を向けて寝てはもったいない、また、ジャンと半鐘《はんしょう》の音を聞いたならば、何としても駆けつけてお助けしなければならないというのが、江戸時代の商人の心意気であったと、私どもは書物その他において聞かされております。

私自身におきましても、いろんな困難に直面したときに思い出されるのは、結局それでありります。お得意様ほどありがたいものはないという感じでございます。

（昭和三十六年二月十六日・松下電器新役員披露パーティー）

■道行く人々は全部お得意さんである

最近は、皆さんもご承知のように世間のほとんどすみずみまで、いかなる人といえども、わが社のものを買ってくださっております。またどんな商売においても、何らかのかたちで、わが社の製品が使っていただけるのであります。

だから、道行く人々は全部がお得意さんであり、われわれのつくったもののを、全部買ってくださっているわけです。お互いに顔見知りでないから、道ですれ違ってものは申しませんが、知っておったら「毎度ありがとうございます」と頭を下げなければならないところであります。そういう人ばかりなのであります。

（昭和三十四年一月十日・松下電器経営方針発表会）

■ファンをつくる商売人は成功する

ファンもつくれないような商売人は、私はあかんと思います。ファンづくりというてもそうむずかしいものではない。やはり自分の主張すべきことは主張し、正しい姿というものがピシッと先方に入れば、先方がファンになるんです。「なかなか話せる商売人、話せる店やなあ。わしはおまえのところで買《こ》うてやるで」とこうなる。これは離れません。

（昭和四十年十一月四日・ナショナルテレビ六百万台達成感謝セール）

松下幸之助
写真館

昭和30年、初荷壮行会にて万歳をする。伝統行事の初荷は明るく喜びにあふれ、幸之助はこの雰囲気に商売発展の秘訣があるとしていた

■一軒のお得意を守ることが百軒のお得意を増やす

お得意を増やす努力はもちろん大切だが、現在のお得意を守ることも、劣らず大事なことでしょう。一軒のお得意を守ることが、百軒のお得意を増やすことになる。一軒のお得意を失うことは、百軒のお得意を失うことになる、そういう気持ちが肝心でしょうな。

(『サンケイ新聞』昭和五十一年五月十三日)

■お得意先と対立しつつ調和する

お得意先と対立している会社は伸びてますね。そやけれど、対立しっぱなしの会社は喧嘩《けんか》して、お得意さんをなくしてますね。ですから言うべきことはキチッと言う、これは対立ですわね。そして要求することはキチッと要求する。しかしその上で相手の言うことも聞く。そしてお互いが調和し、そして手を結んでやっていこうというような力強い態度をとれば、商取引というものは盛んに伸びていくわけですね。

（昭和四十二年九月八日・労働省幹部研修会）

2 販売の要諦

販売は創作である

売るということは一つの創作だし、考案だ。この秘訣はひと口にはいえない。たとえ同じようなものをつくっても、特色は出せる。三軒そば屋さんがあっても、長いあいだには行く店が決まるのではないか。やはりその店の魅力というか、熱意がお客さんに通じるからだ。要するに、商品を売るには、一つの〝ムード〟が必要だが、これが非常にむずかしい。

（『電通報』昭和三十七年六月六日号）

■物とともに心を売り、お金とともに心をいただく

物が動いて、お金が動いて、それで一応の商売が成り立つというものですが、もう一つ根本的に大事なことは、物やお金とともに、人の心もまたこれにのって移り動いていかなければならないということです。

単に物をつくり、物を売り、そしてお金を得ているというだけなら、商売とはまことに索漠《さくばく》としたものになってしまいます。そうではないのです。物と併せて心をつくり、物とともに心を売り、そしてお金とともに心をいただく、つまり物やお金が通いあうだけでなく、お互いの心というものがそのあいだに通いあうことが、きわめて大切なのです。そこに、商売の真の味わいというものがあると思います。

〈『販売のこころ』〈松下電器〉昭和四十三年十二月〉

■相手に喜びや安心を与える

私は販売というのは、値段だけではなくして、製品にもむろんものをいわさなくてはなりませんけれども、やはり販売の仕方、考え方というものが、相手を納得せしめる、単に納得させるだけではなくして非常な喜びを与える、安心を与える、そうしてその人の活動を高めるところまでもっていくものだ、ということを考えさせられるのであります。

（昭和三十二年十月二十九日・近畿地区ナショナル有力連盟店懇談会）

■利益と使命

頂戴した利益は無意味にこれを使うわけやない。よりよき再生産のためにこの資金を使っていく。その一部は従業員の生活の向上に回す。一つは設備に回す、一つはまた、社会へ還元していろんな寄与にもする。そして社会生活が国民全体、社会全体として増進していくために、この会社は大きな役割を受けもっている、そういう尊い使命があるために、利益を求めるということが許されるわけである。

（昭和三十四年五月二十八日・松下電器新入社員への講話）

■商売は必ず儲かる

ある場合には損をするということが、さも常道のごとく、商売は損して得取れやと言うて、原価を割って、損して売るというのは、かえってお客さんに申しわけないわけですわね。なぜかというと、お客さんは儲けさせてやろうと思うて買《こ》うてくれてるんですから。商売というものは絶対に損しないものである。商売はすればするほど儲かる、損は絶対ありえない、これが商売の常道であります。

（昭和三十七年五月十日・久保田鉄工販売研修会）

■儲けない企業は罰せられるべきである

資本は天下の資本であり、働く人は国家の国民である。その天下の資本を使

松下幸之助
写真館

昭和40年9月29日、オランダ大使を招待。人をもてなす際の幸之助の気配りは人一倍であった

い、国家の国民を使って事業をして、一割の利益も取れないということは許さんぞ、それは罰するぞという法律ができたら、私は非常に面白いと思います。そうすると安く売らなならんし、利益を少なくすれば怒られるし、となりますから、日本の経済発展というのは素晴らしいものになると思います。法律はつくらんでも、われわれ業者がそれと同じような実態をお互いの理解と努力と良識によって遂行することができたならば、私は同じことだと思うのです。

（昭和三十三年七月十九日・倫理研究所大阪事業経営講座）

3 サービスの基本

■一切がサービスから始まる

サービスを適切にやっていくかいかんかによって、非常に満足されるかどうかが決まる。満足されることによって、松下を非常に支持してくださるということに結びつき、繁栄するか繁栄しないか、ということに結びつくと思うのであります。

松下電器のすべての人は、サービス精神にこと欠いてはならない。それは、友人に対するサービスであるし、会社に対するサービスであるし、顧客に対するサービスであるし、社会に対するサービスである。一切が、サービスから始まると考えていいと思う。

（昭和四十年一月三十日・松下電器社員への講話）

■サービスとは正しい礼儀である

ほんとうのサービスとは、人に喜びを与えるということじゃないですか。特に、今日は潤いが乏しくなってきましたからな。サービス精神という潤滑油が、もっと求められてもいい時代じゃないですか。商売している人はもちろん、すべての人が、サービス精神に欠けてはいけませんよ。友人に対しても、自分の会社、商店、社会に対してもすべてサービスですよ。廊下で会っても、ちょっと笑顔で会釈して通るのがサービス。だからサービスというのは正しい礼儀でんな。

（『中日新聞』昭和四十八年十一月二日）

■喜び喜ばれる姿の中に真のサービスがある

商売にはサービスがつきものである。サービスを伴わぬ商売は、もはや商売ではない。その意味においては、サービスは商売人にとっての一つの義務ともいえる。しかし、これを単なる義務としてのみ受け取り、しかたなしにやむをえずやっているとしたら、これほど疲れることはない。こちらが疲れるだけでなく、お客様にもその〝しかたなさ〟が自然に通ってしまう。

サービスは相手を喜ばせるものであり、そしてまたこちらにも喜びが生まれてこなければならないものである。喜び喜ばれる姿の中にこそ真のサービスがあるといえよう。

（『機器ニュース』昭和四十一年七月号）

■まず相手に多く与える

まず相手に多く与え、自分はその余剰を残していくというような心がまえが大切である。それなくして、相手から少しでも多く取ってやろうというようなことをお互いに考えたならば、企業というものは繁栄しない。

もし会社が社会に対して十のサービスをしたならば、社会から八つのサービスを受けようというような心がまえになってまいりますと、その会社は社会に対してサービスを贈与することになる。そういうような相互サービスの精神に徹して会社が経営される、個人が活動していくのが正しいことであると強調される社会が、私は望ましいと思うのであります。

（昭和三十三年四月四日・松下電器新入社員への講話）

■サービスには代償が必要である

代償も何もなくしてサービスするということでは慈善事業になってしまう。

だれも慈善事業はやらないと思うんです。

われわれでも、今日、社会のために、一方でいろいろ奉仕したり何かしていますけれども、それは、それにふさわしいだけのものを一方で儲けているからやっているのであって、儲けも何にもなしに奉仕ばかりしておったら、会社はつぶれてしまいます。きわめて簡単なことです。そのきわめて簡単なことがわかっていない。社会でわかっていない人が多いのです。それで不足が出ると思うのです。

（昭和五十二年五月十日・ナショナル住宅建材協業躍進コンテスト感謝状贈呈式）

■仕事を減らしてでもサービスに完全を期す

今かりに五つなら五つの仕事をしているとします。その五つの仕事をしていて、五つが五つとも十分なサービスができているのであれば、それはそれでいいと思います。けれども、それだけの力がないということでしたら、あえてそれを三つに減らして、そして仕事もサービスも完全を期するということも時に必要ではないかと思うのです。そうしなくては、需要家に対して、ほんとうに生産者、販売業者としての責任を全《まっと》うすることができないわけです。

〈『経営心得帖』〈ＰＨＰ研究所〉昭和四十九年七月〉

4　広告・宣伝の意義

■いいものを知らせる意義

自然に知れていくということも結構であるが、いいものであれば早く知らせてあげるということが親切ですね。そういう意味において、広告というものに意義があるわけですね。したがって自分の店が儲かるから広告するということは、これは邪道ですね、ほんとうは。

〈昭和三十二年十月一日・ＮＨＫラジオ放送『婦人の時間』〉

■真実の姿の宣伝

経営においても真実あるのみ、実質以上のことを宣伝してはならない。そもそも宣伝の許されるのは唯一の場合である。すなわち真実の姿の宣伝である。この商品はどうしても世間で使ってもらう必要がある。効果があって便利であることを早く知らせたいときに、初めて宣伝は許されるのである。決して誇張であってはならない。あくまで正義でなければならない。

（昭和二十年一月一日・松下電器経営方針発表会）

■宣伝は企業の義務である

われわれには〝知らせる義務〟があるんです。〝義務的宣伝〟これが宣伝の基本、本義であるということですな。まあ、買う人は一所懸命だから、悪い商品やったら買いませんわ。でも消費者もときには錯覚を起こすことがある。だから教育が必要になる。広告もその一つの役割を果たします。「こういうものを使ったらお得になりますよ」と言ってあげないといけません。消費者に意見を言う、といってはおかしいけれど、ときには説得する必要もありますな。

（『国際商業』昭和五十二年三月号・岡内英夫氏との対談）

■広告は、経営者自身が精神をこめてやる

経営者自身が広告するようでなくてはあきませんわ。広告代理店がやってくれているから、そこに任せとったらええ、というのではダメです。経営者が、自分で精神をこめてやる。そういうふうにやっているところは、みんな成功しています。逆に、宣伝部に任せっきりのところはあきまへん。

（『国際商業』昭和五十六年三月号・小林孝三郎氏との対談）

■会社の願いを訴える

わが社の広告宣伝は、わが社の製品をお知らせすると同時に、わが社がもっ

ている人生観、社会観を世に浸透させていくことを、その目的として行なってきたのであります。ただ製品を一般に普及させるにとどまらず、わが社をあげての強い念願、真心からの希望を訴えることを併せて行いたいと思うのであります。

（昭和二十六年六月一日・松下電器社員への講話）

■人心に潤いを与え、文化を高めるもの

広告宣伝というものは、今日、単に商品や商売、企業のために必要だということだけでなく、人々の心に潤いを与え、世の中を明るくし、さらには文化を向上させるという役割を担っているのです。（中略）

私がいささか気になるのは、今日の広告には、単に売れさえすればいいということではないにしても、目新しいものに心を奪われるあまりというか、その形にとらわれて、広告宣伝の本義、本質が忘れられている面があるのではないかということです。

広告宣伝というものは、単にそれによって商品やサービスが売れればいいというのではなく、人々の心を豊かにし、生活や文化を高めていく何らかの要素を含んだものでなければならない。

（『年刊ＯＡＣ　'82年版　プロダクション・クリエイター』〈宣伝会議〉昭和五十七年三月）

人事の哲学

1　人材をどう得るか

■強く求めるところに人材が集まる

ただなんとなくすぐれた人材が集まってくるというようなことはまずありえない。すべてのものは要求のあるところに生まれてくるものであって、だから指導者に強く人を求める心があってこそ、人材も集まってくるといえよう。

〈『指導者の条件』〈ＰＨＰ研究所〉昭和五十年十二月〉

■運の強い人を選ぶ

運のない人は、死なんでもいいときに死んでみたりする。なんぼ追いつめられても、徳川家康のように流れダマがそれて死なん人もいる。人為ではどうしようもない、もって生まれたものですな。

ぼくは、二人のうち一人を雇おうとする場合、学力、人格に甲乙つけがたいときは、履歴書などを参考にして、運の強い人を選びますな。運のいい社員は流れダマに当たらないし、会社にも運が向いてくるわけですよ。

（『中日新聞』昭和四十八年十月十六日）

■秀才ばかり集めてもうまくいかない

採用するときには、秀才ばかり採用したいと思いますわな。けれど、ほんとうは秀才ばかり採用したら失敗ですよ。必ず喧嘩しよるですよ。だから、秀才一人と、あとは鈍才というわけやないけれども、ちょっとそれより落ちる人が三人なら三人。あるいはスポーツをやる人とか、そういうふうにして、いろいろな人を混合して採用するんです。努めてそうしているんです。

（昭和五十年五月九日・自民党文教制度調査会文教部会合同会議）

■ 非採用者は将来のお客さんである

人の採用に際し最も心がけなくてはならないことは、言うまでもなく採用した人は松下の社員となるのであるが、非採用者は将来松下電器のお客さんとなる人である、との観念をもつことである。一度松下電器を志望した人は、少なくとも将来松下電器に対し相当の関心をもつはずであるから、これに対して十分によき印象を与えなくてはならない。人事の任にある人は、すべからくこの観念をもってあたられたい。かくてこそ、すなわちぼく自身、みずから行う人事となるのである。

（昭和十一年十一月一日・松下電器社員への講話）

松下幸之助
写真館

昭和９年開校の店員養成所の授業風景。「事業は人なり」の信念に立ち、幸之助は自前の店員教育機関を開設、学力とともに人間的修養を重んじた

2 人の育て方・生かし方

人間は無限の可能性を秘めている

人間というものは、本質的に万物の王者といってもいいほどに偉大な存在ではないかと私は考えている。言い換えれば、無限の発展の可能性をもっているのが人間だと思うのである。そういう観点に立って、自分を生かし、他の人を生かし、万物いっさいを活用して限りない生成発展を生み出していくことが、人間としての使命であり、それが人間には可能だということである。人を厳しく鍛え、育てることが大切なのも、人間が本質的にそのような偉大な存在であり、無限の可能性を内に秘めているからである。

（『人事万華鏡』〈ＰＨＰ研究所〉昭和五十二年九月）

■大胆に構えて人を使う

　ぼくが、五十人ぐらいの人を使うようになったころ、皆がよく働いてくれるのだけれど、一人どうも具合のよくない者がいた。ぼくは神経質であったことも手伝って、どうも気になって眠れないわけです。

　が、そのとき、ふと気がついた。今、日本には悪いことをする人が何人いるか、かりに法にふれてとらわれている人が十万人だとすると、軽い罪で見のがされた人がその三倍あるいは五倍。してみると、いい人ばかり集めて、ちょっとでも変なのはいやだと、悩んでいるのはムシがよすぎる。少々のことはのみこんで、大胆に構えていかないことには、人など使えん。そう考えたらスーッと楽になったんです。

（『30億』昭和五十一年十一月号）

■人間の心の動きをつかむ

人間の心というものは非常に変化性がある。今は非常に愉快に笑っているかと思うと、またつぎの瞬間に悲観するようなことが起こってくればそうなる。それほど変化性がありますからね。(中略)

そういう人間の心の動きの自在性というものを、経営者といいますか、皆さんのように指導的な立場に立つ人は、よほどつかまねばいかんと思います。

(昭和三十六年八月七日・松下電器幹部社員への講話)

■適切な目標を与える

経営者、責任者は、会社や部・課の目標、それらにもとづく個々の社員の目標を、社内、部・課内に十分に行き渡らせるようにしなければならない。部下に適切な目標を示し、希望を与えられない責任者は、失格とさえ言ってもよいのではないかと思う。(中略)

目標が適切に与えられれば、たいていの人は、自由に創意工夫してやってくれる。

（『宝石』昭和六十年十月号）

■経営者は要望者でなければならない

経営者である以上は、「来年はこういうことをやろう」「こういう品物をつくろう」というように、常に要望者であらねばなりません。その要望の弱いところでは人も育ちません。しかし、非常にそれが適切で強いものだと、人が育ってくる。そしてその要望を達成する働きをしてくれる。すると、それをお得意先も喜んでくださる。会社自体も発展するし、部下の社員も育成されるということで、たいへん順調にいくわけです。

（昭和五十六年一月十日・松下電器経営方針発表会）

■仕事を与え、実験させて人を育てる

人を育てるというのは大事だけれども、実際には、実習させにゃいかん。練習は仕事と一緒ですわ。実験させなきゃいかんですな。仕事を与え実験させていると、人は育っていくんですよ。それで一人の人間が育てば、これは大きな宝ですよ。

（『マネジメント』昭和五十二年三月号）

■現場で仕事をさせることがいちばんの教育である

別に養成のコツというものはありません。ただ、現場について仕事をすること、これがいちばんの教育ですな。講習会なんてものをいくらやっても、やっぱり現場を通じて体得するということ――これが大事です。

（『機械器具の新聞』昭和四十年一月一日号・山本猛夫氏との対談）

■信頼して任せる

ぼくの今までの体験をいうと、任せきったですな。というのは任せきるのがいちばん楽ですのや（笑）。任せきったために、失敗することもありましょうが、失敗の数よりも成功の数のほうが多かった。お互いに神様やないんやから、ときには疑ってみたくもなりましょうけど、任せきるという姿勢が根本になけりゃいかんでしょうな。一〇〇パーセント信じて任すということはなかなかできにくい。六〇パーセントは大丈夫やけど、あとの四〇パーセントはどうかわからん。危惧《きぐ》の念もある。そやけど、そう言っとったらしょうがないから「きみやってくれよ。必ずできる。頼むわ」となるわけですな。

（『中日新聞』昭和四十八年十月二十六日）

■任して任さず

「任して任さず」ということは、文字どおり〝任せた〟のであって〝放り出したのじゃない〟ということです。経営の最高責任者というものは、どんな場合でも、最後の責任は自分のところにあるという自覚をせんといかんものです。そういう自覚に立っているからこそ、〝任せて〟はいるけれど、絶えず頭の中で気になっている。自分は責任をもたないといかんということで腹をくっている。そうなると、どういうふうにやっているかということがいつも気になる。これがほんとうですわな。

（『30億』昭和五十一年六月号）

■大きな失敗は叱らない

社員を叱らんかというとね、よく叱ったものですよ。こんなことがわからんのかというて叱ったりしますけどな。しかし大きな失敗をした場合には、むしろこっちがそれを引き受けてやらないといかんですよ。

（昭和五十一年三月十五日放映・NHK総合テレビ『この人と語ろう』）

■寛厳よろしきを得る

昔から言いますわな、「人を教えるには、寛厳でなくてはならない。厳しさが五〇パーセント、寛容が五〇パーセントだ」というふうに。けど、私はそうは考えないんです。寛と厳が半々なら、ありきたりです。厳しさが一〇パーセント、寛容が九〇パーセントがよい。寛容な人がいない企業というのは、絶対にダメです。しかし、寛容であるためには、一の厳しさが十の厳しさにならないといかんのです。（中略）

ですから、企業のトップというのは、一の訓戒で〝寛厳よろしきを得る〟というふうでないといけません。

（『ニチイ社内報』昭和五十年夏号・西端行雄氏との対談）

■公平で適正な賞罰が必要である

経営のうえで最も大切なことは、協力一致する雰囲気を培うことである。いかによい方針があっても、各自の活動の分野で牆壁《しょうへき》を打ち立てていては、結局、お互いの働きは打ち消され、マイナスの方向に進むばかりである。協同の気風を醸成《じょうせい》するためには、まず賞罰を明らかにすることである。

会社である以上、大勢の人々の集まりであり、そのなかには怠ける人もある。また仕事に興味をもち熱心に働いている人もある。いろいろさまざまであるが、そのままの姿が是として認められてはならない。やはり、それぞれに相応して遇せられなければならない。熱心な人には待遇がよく、誤った人は正さなければならない。すなわち公平に正して適正な賞罰が必要である。

（昭和二十五年七月十七日・松下電器緊急経営方針発表会）

■苦労なくして人は使えない

昔の言葉に、〝人を使うは苦を使う〟というのがあります。そのように、人を使うことがいちばんむずかしいのです。苦労して人を使って、初めて人も動いてくれます。（中略）

上に立つ者が苦労しなければウソです。苦労なくして人を使おうというようなことは、上に立てない証拠だと思います。いちばん多く苦労するのが私です。それが社長というものです。

（昭和四十九年五月・松下電器社内誌『松風』）

■長所を見て使う

短所は苦にしない、長所だけ、特色だけを見て使う。そうむずかしいことじゃありませんよ。しかも、それだけのことで、人が育つか育たんかということが決まるんです。

（『30億』昭和五十一年四月号）

■部下を自分より偉いと思う

ぼくは、小さい規模から始めて今日の状態までになりましたが、このあいだにたくさんの人が会社へ参加してくださった。どの人を見てもぼく自身よりも偉い。ぼくよりもあかんなと思う人はほとんどいない、こういうことです。

私が所主であり、社長でありましたから、「きみ、こうせい」「ああせい」と言うて言いつけもします。「そんなことしたらあかんやないか」「こうしなければあかんがな」というようなことを言うて怒ったりもします。それはそういうことを言わざるをえないから言いますけれども、しかし、そうは言うているもののの、この人はぼくより偉いんだ、こういうところがこういうように偉いんだと、いつもそう思うのです。そう思うことから私は、今日の私ができたのだと思うのです。多くの人の協力を得たのではないかと思うのです。

（昭和四十九年一月十日・松下電器経営方針発表会）

■私情にかられず、公明正大に

いやしくも大将たるものは、私情にかられてはいかんということです。好き嫌いで人を使ってはいかんですよ。ところが現実には、好き嫌いで人を使って

松下幸之助
写真館

昭和50年８月25日、ＰＨＰ理念の研究会の模様。若い研究員の意見に耳を傾けつつ、またそこは指導の場でもあった

いる場合が多いものなんです。そういうところはみな失敗していますよ。

その意味では、ぼくはこと仕事については、非常に公明正大だったですな。自分で言うのもおかしいけれど、断言できますな。この点については、従業員も認めてくれていると思っています。

（『30億』昭和五十一年五月号）

商品開発・製造の哲学

1 技術力の向上をどう図るか

■技術者の自己研鑽が大切である

技術の向上の基本をなすものはいろいろありましょうけれども、やはり何と申しましても、技術者が、みずから研鑽《けんさん》する、みずからを養成するという強い心がまえをもつことが大切だということであります。すなわち、技術者の自己研鑽、言い換えますと自修するという自覚こそが、真の技術向上の大きな基本をなすのでありまして、そういう自覚なり向上心が強ければ、それを助成する機関というものは、昔と違って今日は、あらゆる面に存在しているのであります。

（昭和三十四年一月十日・松下電器経営方針発表会）

■速くいいものをつくる訓練

われわれが、設計なら設計ということをやるについても、その設計が十日かかったんではもう遅い。よし、こういうものをやろうという着想をしたならば、それはすぐ瞬時にしてその着想が一つの見本品となって現われる、というようなことが絶えず行われなければならない。そういうような訓練をしているかどうかということです。

（昭和三十四年十月一日・松下電器幹部社員への講話）

■新製品をライバルだと考えて

かりに画期的な製品を開発したとしましても、それで事足れりとしていてはいけません。いわばその製品は他社が開発したものだというように考えて、それを上まわるつぎの製品を考え、開発しておく、そして必要に応じてそれを市場に出していくというように、製品開発の面でのダムというものも必要でしょう。他社の製品を見てそれから考えるということも現実にはあるでしょうが、それに終始しているようなことではいけませんね。

〈『私の夢・日本の夢　21世紀の日本』〈PHP研究所〉昭和五十二年一月〉

■自分の技術を認識する

ぼくはこのあいだ、ある一つの器具を見たところ、なんとこれはまずいなと思うたわけです。ぼくの目から見たら非常にまずいんですね。一流会社の堂々とした製品といえない。こんなものは信用を落とすと思うようなものなんです。ところがそこの技術担当者は、これを平気で出している。それは認識していないわけですね。

つまり、自分の技術そのものを認識できているかどうか。あるいは自分の技術とよその技術とを対比した場合に、どれだけ劣っていてどれだけ進んでいるかという、対比認識もできていない。自己認識も対比認識もできていない、ということは競争相手に対する認識もない。こういう状態においてやっておれば、これはもう会社のためにならないことは決まっている。

（昭和三十四年九月二十八日・松下電器技術関係幹部社員懇談会）

■技術者には柔軟な頭が必要

われわれはどんなことが入っても、それをつまらせたらいけない、まだすきまをおいておく。なんぼでも次々と、海綿のごとく吸収していくというような頭にならなければ、頑固オヤジになってしまう。頑固オヤジにならなくても、〝頑固な人だな、あれは技術者だから頑固者だな〟と、こうなる。これはいけない。技術者ほど、ものを吸収しなければいけない。技術者ほど、すべてのものを取り入れるということにやぶさかでない者はないいんだと、こういうような一面も私はあっていいと思うんですね。

（昭和四十八年一月六日・松下電器在阪技術担当責任者対象講話会）

■技術革新によって人間が疎外されてはいけない

現代の技術革新は、今後とも果てしなく続いていくだろう。それは一面人間生活を豊かに便利に、より好ましいものにしていくと思う。しかし、技術革新によって人間が必ずしも幸せになっていくかどうか、むしろ、人間が疎外されるということが、ますますはなはだしくなることも考えられる。そうなっては、人類の失敗である。

（『サンケイ新聞』昭和四十五年一月一日）

2 商品開発のポイント

■つくった製品に強い関心をもつ

私たちは、自分たちの手がけたものが世上でどのように扱われているか、強い関心をもたねばならないと思う。

私が昔、直接生産に従事していたとき、新しい品物を代理店へ持参して見せると、「松下さん、これは苦心された品ですね」と言われたことがある。こう言われたとき、自分は無料で進呈したいと思ったほどうれしかった。

これは高く売れて儲かるという欲望的意識でなくて、よくも数カ月の労苦を認めてくれたという純粋な感激だったのである。この感激は、常に己の魂の至《し》誠《せい》を製品にこめる者のみが味わいうるものであり、この喜びに全社員がひたるときにこそ、わが松下電器が真に生産報国の実をあげ、確固たる社会信用を獲得することができるのである。

松下幸之助

写真館

昭和54年８月22日、音研技術成果報告会にて。幸之助の物を見る目は常に真剣そのものであった

（昭和二十一年一月十五日〜十八日・松下電器経営方針発表会）

■時代の変化に対応する心がまえを

技術の面におきましても、製造面におきましても、刻々と変化する、その姿に相応じた製造技術というものを磨かなければならない。今、これがよく売れるからこれでいいだろうといって安閑としていたら、急速にそれが落ちてしまう。これが今日の真実の姿であると私は思います。

（昭和四十年三月一日・松下電器中堅幹部社員への講話）

■発明のヒントはどこにでもある

このごろは、発明のヒントはむしろ素人にあるかもしれんですな。私も、よく研究部員に、「同僚とばかり話しおうててはいかん。街頭へ出ていってヒントを得てこい」と、こう言うとるんです。ヒントはどんなところにでもあるんですけれども、それをヒントと見るかどうか、ということですな。

（『文藝春秋』昭和四十三年十二月号・松本清張氏との対談）

■新製品についてまわる

とにかく新製品を出せばそれについてまわることが大事です。「きょう出した品物は初めての品物である。どこへ売ったか」「大阪の何々商店へ売りました」「じゃあ、その商店へ一ぺん行ってこい」と。「あなたのほうはそれを買ってくれましたか」「買いました。しかしまだ売ってないんです。店においてあるだけです」「ああそうですか。店においた範囲においてあなたはどう思いますか」「店においている範囲ではまあいいと思う」「それは結構です。まあできるだけ売ってください」と。

三日おいて、「売った結果はどうですか」と。「きのう売りました。まだ様子を聞いていません」「どこへ売られましたか」「ここへ売りました」「じゃあ、私そこへちょっと行ってまいります」と言うてそこへ行く。「きのうあなたが何々商店でお買いになった電熱器は、お使いくださっていかがですか」ということを尋ねてみる。「あれは使ったけれどちょっと熱が高い。なかなか使いにくい」ということであれば、「いや、それはこういうようにされたらいいんです」と教えてさしあげる。また「いや、あれは非常に結構だ」と言われればこれは安心である。

そういうようにズーッとやれば、かりに不良があればすぐにわかるし、先方も満足するし、失敗を重ねるということは絶対にありえない。

（昭和三十三年九月一日・松下電器全国営業所長会議）

■修理のしやすさを考えての設計を

設計するにあたって、万一不良の場合には取り替えやすい設計にしているかどうか。一つの物を設計するにあたって、その製品の用途というものを完全に満たすとしましても、万一不良で修理が必要という場合に、簡単にそれが修理できるということをちゃんと考えているかどうか。そういうことを十分に考えたうえで開発し、設計するというようなことが、非常に強く要望される時代になってきたと思うのですね。

（昭和三十九年五月五日・松下電器創業記念祝賀会）

3　良品生産・品質向上の決め手

■お客様の番頭になる気持ちで製品を再吟味する

あらゆる製品について、それをお買い求めくださるお客様の立場に立ち、お客様の番頭になる気持ちで、性能、品質を試し、再吟味してみる。工場側においてそうであると同時に、これを販売する営業部門においても、同様の気持ちで厳格に検収して、もし一点でも不満足なところがあれば、工場に返品して再検討を求めるということでなければならないのであります。こうして、すべて良品にしなければならないという要望が強まれば強まるほど、工場における良品生産も促進されることになり、さらに信念に満ちた製品が提供されることとなるのであります。

（昭和二十七年一月十日・松下電器経営方針発表会）

■品質管理は人質管理から

品質管理の論議がいろいろあったときに、こういうことを言う人があった。すなわち「品質管理を完全にやるというのは、ほんとうに大事なことである。しかし、品質管理は単にそれをやるだけというわけにはいかない。もう一歩奥を考えると、〝人質《じんしつ》の管理〟というところから始まらなくてはいかん」と。

品質管理という言葉はずいぶん各方面で使われているが、人質管理ということはあまり聞かない。私も寡聞《かぶん》にして初めてそのことを聞いた。品質管理を完全にやるには、人質の管理からしていかなくてはならないということである。これは非常に面白い言葉だと思う。

（昭和三十六年十一月十四日・全国産業教育和歌山大会）

松下幸之助
写真館

昭和56年７月30日、九州松下電器の大分工場を視察。地方に出向いても、幸之助は物づくりの現場を見ることに意欲的であった

■工場に入ったとき何を感じるか

工場の作業場へ入って、なんとなしに響いてくる音、雑音が、それが正しい雑音であるかどうか、キチッと仕事ができている雑音であるかどうか、不良品ができている雑音であるかどうか、というようなことがわかるかわからないかということです。それがわからないようなことでは、私はあまり偉そうに言えないと思うんです。

（昭和四十八年一月六日・松下電器在阪技術担当責任者対象講話会）

■真剣であれば物が語りかけてくる

ぼくはこれまで、電気器具を主とする商品をつくり販売するという仕事を長年続けてきましたが、その過程では、それぞれの商品がぼくに何ごとかを語りかけ、訴えかけていると感じたことが少なからずあったのです。

たとえば、試作品ができるとぼくは、できる限り自分でも実際に手に取り使ってみることにしていました。電気コタツでもラジオでもテレビでも、しばらくのあいだ、じっと眺めたり、手でなでまわしたりしながら、それぞれの機能を試してみる。そうすると、もの言わぬはずのコタツやテレビがぼくに語りかけてくる。「この角をもう少し削って丸みをつけてくれないか」とか、「スイッチをもう少し太くしてほしい」とかいう声が、実際に聞こえてくるような気になるのです。

もの言わぬはずの商品が何ごとかを語りかけてくるというのは、いったいどういうことなのか。ぼく自身もよくわからないのですが、結局、そのような声が聞こえるかどうかは、自分の側にどれだけの真剣さがあるかによるのではないかと思います。

（『ＰＨＰ』昭和五十九年四月号）

■ダメを押したうえにもダメを押す

皆さんは毎日、良品をつくることに、不良のない物をつくることにせいいっぱい努力しておられる。けれども、どこか注意の欠けるところがあるんではないか、もう一つダメを押すということをしてないのではないか。ときどきそういうことを感じますので、今後はダメを押したうえにもダメを押してやっていただくように、特にお願いいたしたいと思うのであります。

（昭和四十四年八月十日・松下電器幹部社員への講話）

■懸念のあるものは断固として売らない

絶対に不良品をつくらない。その危険があればその仕事をいったんおいてもかまわない。それがために損害が起こるとしても、その損害は、不良の製品を出して起こる損害から見ると非常に少ないものであると考えます。これを敢然とやる勇気をわれわれは養わねばならないのではないかと思います。（中略）

懸念のあるもの、確信のないものは断固として売らない、それがために起こる損害というものは一時的に大きくても、結局は小さいものになるのだ、この品物を売ればもっと大きな損害になるのだ、ということを考えて、絶対に不良品を出さないために、そのような態度を確立しなければならないと思います。

（昭和四十五年二月十六日・松下電器幹部社員への講話）

■素人になって商品を使ってみる

使う人はみな素人であり乱暴な使い方をする、われわれの常識で考えられないようなことをする。そういうことによって生まれる故障も不良として返ってくる。ですから、つくった人は、つくった技術を忘れて素人になって、それを使ってみるということができるかどうか。それができればだいぶ不良が少なくなると思うのです。

（昭和四十五年二月十六日・松下電器幹部社員への講話）

■デザインの基礎は実用性である

私はデザインには深い知識もございませんが、私なりに考えますのに、デザインの目的と申しますか、デザインが向上していくということは、どこにそのねらいがあるかと申しますと、お互いの人間生活をよりよく、より高く、より幸せにするところに、デザインのデザインたるねらいがあろうと思うんであります。

したがって、すぐれたデザインとかりに考えられるものがありましても、その根底にはどうしても実用性ということが加味されておらなければならない。どこかそのデザインが実用的に生きるということが無視されておったならば、それははたしてグッドデザインかどうか疑問だという感じがするんであります。

（昭和三十六年十一月十六日・関西デザイン会議）

松下幸之助
写真館

昭和53年２月15日、松下電器歴史館（現パナソニックミュージアム 松下幸之助歴史館）で往時を偲ぶ幸之助と中尾哲二郎技術最高顧問（当時）。幸之助の物づくりの思想を忠実に遂行したのは中尾氏の功績であった

■製品の心を訴えるデザインを研究する

製品づくりの基本は、需要者に喜ばれるものをつくることに尽きると思います。生産者はひたすらこのことに魂を傾注しなければなりません。デザインも、この製品づくりの基本に立って、研究されなければならないと思います。

（中略）

製品が訴えてくるもの、いわば製品の心を強く感じさせるもの、この点がデザインを通してみごとに表現されている製品こそが需要者に選ばれ、かつ、喜ばれる時代になったのではないでしょうか。

（『松下のかたち』〈松下電器〉昭和五十五年五月）

組織・体制の哲学

1　活力ある組織をどう組むか

■組織よりも人

組織を変えて人を使うか、組織をそのままにして、それに合う人をもってくるか……。ある場合には組織をとる。ある場合には人をとる。現実の問題としては、ケース・バイ・ケースでしょうな。

しかし、ぼくは、それでも人のほうが大事だというふうに思いますね。人によって組織を変えねばいかん。組織はある程度自由に変えられますな。人は自由に変えるわけにはいかんでしょう。

（『30億』昭和五十一年五月号）

■組織の官僚化は経営の最大の敵である

組織が官僚化すれば、パイプがつまって下部の意見が上部へ通らなくなるし、何よりも仕事の能率が下がってしまう。したがって経営者たるものは、絶えず目を光らし、組織を引き締めないといけない。

（『山陽新聞』昭和五十四年四月二十一日）

■新入社員でも社長にものが言える気風を

一般社員が主任、課長、部長を越えて、直接重役や社長にものを言っても、そのために課長や部長の権威が損なわれることは決してありません。

もし課長や部長がそのように考えたり、逆に一般社員が、そういうことをしたら主任や課長のご機嫌を損なうのではないかというおそれをもったりするとすれば、それはもう硬直化を起こしている姿だといえましょう。

（『経営心得帖』〈ＰＨＰ研究所〉昭和四十九年七月）

■一人ひとりが自分の仕事を一つの経営と考える

どのような小さな仕事もそれが一つの経営なりと考えるときには、そこにいろいろ改良工夫をめぐらすべき点が発見され、したがって、その仕事の上に新しい発見が生まれるものである。

世間すべての人々が同じように努力しながら、成功する人はまれであるのは、いま言うところの経営の観念に欠け、何らの検討工夫をなさず、ただ仕事に精出しているにすぎないからである。

（昭和八年十二月十六日・松下電器社員への講話）

■一人の目覚めは全員の目覚めに通じる

皆さん自身が、自分の力をどれほど信じているか。自信なき者は、非常に私は乏しいものがあると思います。しかし過信の人はまた危ないのであります。

正確に自分自身というものを見つめて、〝自分の今の力は八五パーセントに達している。これをこの一年のあいだには九〇パーセントにもっていこう。さすれば、必ずこういうこともできるだろう〟という、自分で自分の目標をつくっていただき、それに向かって邁進《まいしん》していただく。

その邁進の過程には人をも動かすということになりますから、自分が八五パーセントの点数から九〇パーセントになる過程には、はたに強い影響を与える。〝何々君はああいうように勉強しているが感心だなあ〟ということが、知らず識らずに響いて、隣の七十五点の人を知らず識らず八十点にするということです。

「一人出家すれば九族天に生まる」という言葉のごとく、一人の目覚めは全員の目覚めに通ずるということであります。

（昭和四十八年一月六日・松下電器在阪技術担当責任者対象講話会）

■人の組み合わせによろしきを得る

人にはそれぞれに長所短所がある。だからその長短補い合うような組み合わせをすれば、それによってどちらもより生きてくるだろう。
また、そのようにはっきりしたものでなく、なんとなくウマが合わないといった微妙な問題もある。もちろん、そういうものはそれぞれが努力してある程度は解消していくことが望ましいが、やはり人の組み合わせよろしきを得て、それをなくしていくということが大切であろう。

（『指導者の条件』〈ＰＨＰ研究所〉昭和五十年十二月）

■大きな歯車も小さな歯車も必要である

人の組み合わせというのは微妙なものですね。会社の場合、非常に立派な一人の経営者が社長と副社長になっても、相性が悪いとうまくいかない。しっかりした人があまりたくさん集まると、喧嘩ばかりしてかえって能率があがらんこともある。

しっかりした者も必要やし、少し優しい者も必要やし……。それがうまく組み合わさったときに、総合的な力が出る。大きな歯車も小さな歯車もどっちも必要で、大きな歯車だけが尊いのじゃない。

（『プレジデント』昭和四十二年七月号）

2　事業部制の真髄

■衆知を集める事業部制

松下電器は衆知をもって仕事をしようということを創業早々考えて、だれでも意見の発表がしやすいようにやってきたと思うんです。

そうでありますから、十五、六の小僧さんにしても当時は遠慮なくものを言いました。（中略）

「大将、これはこうしたらどうですか」というようなことを、少数の人間でもありましたし、常に言えたんです。

「それはそうしたほうがええな」ということで、それをよく採用したこともあって、全員の才覚によって仕事をしてきたというのが、松下電器の当初の姿であったと思うんです。（中略）

事業部制ということも結局そういうところから出発した一つの制度でありまｓ。だんだん人数が多くなりまして、大きな団体になってくると衆知を集めるといってもなかなか困難でありますから、衆知を集めてやるというかたちを、一つの部門でその長を中心としてやってもらう。一つの事業部が事業部長を中心として衆知を集めてやるんだということでやってきた。それが幸いにして効果があったとでも申しますか、今日の発展を見たのであります。

（昭和三十九年十月二十六日・松下電器幹部社員への講話）

■事業部制によって経営者が育つ

事業部というものをつくってやるということによって、成果がはっきりわかってくる。だから事業部そのものも、はっきりよしあしが検討される。こっちの事業部で儲かったからといって、この利益を他の事業部にもっていくということは絶対にしない。その事業部自体で利益をあげなくてはならないのです。そういうことから何が生まれてくるかというと、経営者が生まれてくるんです。（中略）

幸いにして松下電器では、早くからそれをやりましたから、みな経営者として育ったわけですね。

（昭和三十八年八月二十一日・日本青年会議所ゼミナール）

■固定化した事業部は死せる事業部である

事業部制という考え方はいいが、とにかく固定的な事業部はいかん。絶えず

松下幸之助
写真館

昭和９年５月、改組を説明する幸之助。みずからの理念のもと、事業部制組織を採用したのは前年のことである

変化しつつ経営が生まれる事業部じゃないと、死せる事業部ということになりますな。

（『潮』昭和五十二年五月号）

■自分の創意で仕事をすることの感激

ぼくが電灯会社の工夫をしていた時分は、時間から時間までキチッと働かなければならなかった。わずかのあいだにぼくは検査員に昇格したのだが、それは工場にいる検査員ではなく町へ出る検査員になった。（中略）今までキチッと時間までに会社に行って、時間まで人に監督を受けて働いていたわけだが、今度は監督者になって、しかも外に出る仕事だから自由に行動できるわけだ。

東に電車に乗っていっても、西に電車に乗っていっても自由だ。一日の仕事をすませればいい。そのとき非常に、自由の天地が開けるような気がした。ぼくの二十歳ぐらいのときだったから、感激といってもいいような状態だった。

その時分は体は弱かったけれども、後年ぼくが全国長者番付のトップに出たときよりも、そのときのほうが、よっぽどうれしかった。解放されて自分が自由に仕事ができるということほど、ありがたいことはない。

だからぼくが会社で事業部をつくって独立採算制で自由に経営をさせるということは、そういうところから出ている。小さくても大きくても、自分の創意によって事が決せられるということは生きがいがあるものだ。これは人間が生きていく上にも大切なことだと思う。

（『実業之日本』昭和三十七年新年特大号）

3　中小企業の強みは何か

七十の力が百五十にもなる

今日大企業といわれる会社は、だんだんと官僚的になってきて、百の力のある人を七十にしか使っておりません。これは事実です。そこの社長が非常に偉い人であっても、やはり限界がありますから、大会社になればなるほど、一人あたりの力が低下するのが、これはもう原則ですね。

二、三十人から二、三百人という中小企業であれば、その主人公の一挙手一投足によって、全部の人が働く。七十の力の人が百五十にもなって働くのですよ。だから私は、中小企業がいちばん強いということを知っている。

（昭和三十七年十一月二十二日・京都経済同友会）

■経営の醍醐味が味わえるのは中小企業のよさ

大きな会社やったら、経営の醍醐味《だいごみ》というのはわからないですよ。「こうしなさい」と言っても、下までいくのに暇いるし、ぼけてしまうわけですわ。

中小企業のオヤジさんは、十人とか五十人やったら、「うちはこうするのや、頼むで」「ほいきた、社長やりましょう」てなもんで面白いですがな、そのほうが。だからそういう中小企業のよさというものを認識しないといかんですね。

（昭和四十年十一月十七日・共同通信社記者会見）

■一品で世界に雄飛を

昨今、大企業が中小企業の分野に進出してくるということが、しばしばあるようであるが、中小企業のほうが一品に徹していくならば、決して競争に後《おく》れをとるということはない。

「自分のほうはこれ専門なのだ。むこうはいろいろほかにも大きな仕事をやっているのだから、これに専心できるわけではない。負けるものか」という信念なり心意気であたれば、心配は要らないと思う。

ところが、ともすれば多少余力があると、二つの仕事を三つにして、業容を大きくしていこうということを考えてしまう。そうなると、かたちの上では立派になっても、内容はかえって弱体化し、競争にも後れをとるということにもなりかねない。

業種なり、仕事の性質によって違ってくるだろうが、やはり間口を絞って、奥行きを深めていくというか、一品をもって世界に雄飛するのだ、というような方針で経営を進めていくことが好ましいのではないだろうか。

(『オール生活』昭和四十四年二月号)

■〝中小企業の月給は高いのが当たり前だ〟

中小企業は、大企業の給料が一万円であれば、自分のところは中小企業だから一万二千円出す。そのかわり五千円よけいに働いてもらうことを考えるべきです。そしてそれが可能なんですね。

大企業では組織だとかいろんなものがじゃまをして七〇パーセントしか仕事をしないが、こちらはオヤジさんも一緒になって一所懸命働くんだから、二千円多く出しても十分引き合い、もっと儲かる。したがって、〝中小企業の月給は高いのが当たり前だ〟という気にならないといかんのだということですよ。

(『経営者会報』昭和三十八年一月号・森下泰氏との対談)

コラム　幸之助の生き抜く力　その2「立志」

松下幸之助が「ダム経営」を説いていた昭和四十年ごろの話である。

京都の経営者を対象にしたある講演会で、幸之助は例によって、資金、人材、技術等のダムをつくり、余裕のある経営をしていこうと訴えていた。講演後の質疑応答の時間に、一人の経営者が、「ダム経営をしなければならないのはわかるのですが、そのような余裕がないから困っているのです。どうすればダム経営ができるのでしょうか」と質問した。一瞬困ったような顔をして、幸之助はこう答えた。

「まず願うことですな。願わないとできませんな」

あまりにも当たり前の答えに、具体的なノウハウを期待していた聴衆のあいだには、〝なんだ、そんなことか〟という失笑、ざわめきが起きた。

しかし、そんななかに頭をガツンと殴られたようなショックを受けた一人の経営者がいた。京セラを立ちあげ、軌道に乗せようと懸命に奔走していたころの稲盛和夫氏である。

稲盛氏は後に、こう言っている。

「何か簡単な方法を教えてくれ、というような生半可な考えでは経営はできない。〝できる、できない〟ではなく、まず〝おれは経営をこうしよう〟という強い願望をもつことが大切だ、ということを松下さんは言っておられるのだ。そう感じたとき、非常に感動しましたね」

幸之助は、みずからの事業体験を通じて、何事を始めるにも、まず強い願い、志をもつことが出発点で、強い願い、強い志がなければ決して事は成就しない、と考えていた。だからこそ、こうも言うのである。

「志を立てよう。本気になって、真剣に志を立てよう。生命をかけるほどの思いで志を立てよう。志を立てれば、事はもはや半ばは達せられたといってよい」

幸之助は「立志」と書きながら、みずからの思いの強さを確認していたのかもしれない。

立志
松下幸之助

PART III

「仕事術」

10の幸之助主義で〝できる人〟になろう

松下幸之助が言う〝できる人〟とはどのような人材なのだろう。「仕事術」とはいうが、幸之助主義の根底には常に自分とは何かという問いと、周囲への気づかいがあった。そこから見えてくる大切なことは、「人間としてどう生きるか」ということではないだろうか——。

その1　上司の欠点にこだわるな
――「秀吉になれ」

ある社員が、二人の上司のうち、信頼し慕っていたほうの上司に転勤命令が出たことに抗議するため、同志とはかって辞職願いを出した。大決心ではあったものの、本心ではやめたくはなく、結局幸之助に詫びを入れて、なんとか納まった。

幸之助のもとに一同が集められたとき、「たいへんご心配をかけました」と頭を下げる社員に幸之助は、間髪を入れずこう応じた。

「何を言うか。きみたちは、これからも心配をかけるだろう」

このひと言で一同は安堵《あんど》の胸をなで降ろした。

後日、幸之助はその社員を呼んで言った。
「きみ、光秀になるなよ。上の者の欠点にこだわって反抗したのでは正しくても大成しない。残したほうの責任者は確かに欠点も多いが、自分は得がたい経営者だと思っている。秀吉のようによいところを見て対処しなさい」

ポイント

- 完璧な人間はいない
- 自分に都合のよいことだけにこだわってはならない
- 人の長所を見てコミュニケーションをとろう

その2　常に現場志向であれ
――「工場に机をもって入れ」

「ちょっと来てくれんか」

あるとき幸之助は本社人事部の責任者を呼んだ。その責任者は、役所を中途退官したあと、四十歳を過ぎてから松下電器に入社、二年半ほどその仕事に従事していた。

「きみ、人事をやってもらっているが、今のままでいいというならそれでもいい。しかし、まあ、うちの会社は物をつくって、物を売るところや。いっぺん苦労して出直してみる気はないか」

「はい、どんなところでも結構ですから、勉強させてください」

それからしばらくして、再び幸之助から呼び出しがあった。

「きみ、製造部長として事業部へ行ってくれんか」

「はい」

「本社の人事部長から事業部の部長にということになれば、周囲が何を言うかわからんで。〝あいつ何か悪いことしたのかもしれん〟と言うやつもおるかもしれん。しかし、そんなことは気にすなや。それと物づくりを勉強してもらうんやから、事務所あたりに机をもっとっちゃいかん、工場の中やで。工場の中に机をもちこんで仕事をすることや」

　製造も販売も、すべて仕事はまず現場を知らなければならない。幸之助は、あらゆる機会にそのことを強調していた。

ポイント
- どんなことでも新しい勉強の機会となる
- 問題解決のヒントは常に現場にある

その3　職場の雰囲気を変える心づかいをせよ
——肩もみと出世

あるとき、幸之助は、ある青年とこんな話を交わした。

「きみ、アンマ（肩もみ）ようするか」

「いいえ、しません」

「お父さんやお母さんの肩、もんであげへんのか」

「ええ、あまりもみません」

「それじゃあ、きみは、あんまり出世できんな」

「アンマと出世と、いったいどんな関係があるんですか」

「太閤秀吉はね、若いころアンマがうまく、それが気に入られて出世の道が開けたという。ほんとかうそか、よう知らんけど、小説にはそう書いてある。これはぼくは、一面の真理やと思う」

「……」

「それはね、アンマ自体のことより、結局は心の問題や。たとえばきみが、緊急の仕事で課長と一緒に遅くまで残業したとする。そんなとき、きみは若いからどうもないだろうが、きみのお父さんと同じくらいの年の課長は、やはり疲れてくる。

それを見てきみが、〝課長、いっぺん肩もみましょうか〟と言ったらどうなるか。

〝そうか、それはすまんな〟と言って背中を向ける課長もあるだろうし、〝いや結構だ、ありがとう〟と断わる人もいるだろう。

しかし、たとえ断わったとしても、課長はきみのそのひと言で、どれだけ慰められ、元気づけられるかわからない。

そして課長の口からも〝きみ、ご苦労さんやったな〟といたわりの言葉が出てくるにちがいない。

そういう心の通いあいが、職場を明るくし仕事の成果を高めることになるわけで、だからきみがそういうひと言を、真心から言える人であれば、仕事もうまくいくし、みんなの信頼も得ることができる。出世も間違いなしだと思うのだが、きみはどう思うかね」

ポイント

- 常に周囲の人と心を通わせよう
- 勇気をもって行動しよう

その4　既成概念にとらわれるな
——神さんのデザイン

昭和三十年ごろ、テレビの新製品を出すに先立って、役員会が開かれた。テレビ事業部の担当者が、五、六台のテレビをもちこみ、検討が始まった。みな新しいデザインの新製品である。

重役の一人が、一台のテレビを見るなり言った。

「なんや、この仏壇みたいなデザイン！」

担当者にも言い分がある。

「テレビというのはブラウン管がありますから、それに制約されて、あとはつまみと若干の飾りだけで、どうしても同じようなデザインになってしまいます」

聞いていた幸之助が、ふいにこんなことを言い出した。

「地球の人口は今何人や」

「…………」

「二十五、六億人おるのと違うか。それがみな、違った顔をしてるわな。これだけの同じような大きさのなかで、部品もみな同じやけど、顔はみんな違うで。神さんはうまいことデザインしはるな」

〝神さんのデザイン〟という言葉に、頭を殴られたようなショックと恥ずかしさを覚えて事業部に戻った担当者は、さっそく改めての検討を開始した。

ポイント

- 行きづまったときは視点を変えてみよう
- 常に大きな視点から見るくせをつけよう

その5　決まりごとはきっちりと
――「社長でもおろそかにしてはならん」

ある日、幸之助から、

「急に五万円入用になったので、至急用立ててもらいたい」

という指示を受けた本社経理課長が、さっそく仮出金の手続きをすませ、現金を持参した。その金を確かめながら幸之助は尋ねた。

「伝票は？」

「はい。社長に代わって私が仮出金の手続きをすませました」

「その伝票をもってきてくれ」

経理課長は、事務所へとって返し、伝票をもってきた。その捺印欄に署名をしながら、幸之助は言った。
「なあ、きみ。社長だからというて、定められた手続きをおろそかにするようなことがあってはいかんで」

ポイント

・原則は原則。基本に忠実でいよう

その6 仕事にはとどめをさせ
――「そこで満足しとったらあかん」

昭和二十年代後半、松下電器東京特販部は、生産販売を始めたばかりの電気冷蔵庫を、当時日本一といわれていたデパートに納入すべく懸命の努力を重ねていた。

当時、そのデパートの電気器具売場では、電気冷蔵庫も舶来品志向から外国製品が各種各様に雛壇《ひなだん》に並び、国産品は末席に展示されていた。

日本一のデパートの売り場に展示されることが、東京全域の販売店に対して、ナショナル冷蔵庫拡売の決め手になるともなれば、東京市場拡大のためにはそのデパートへの納入が焦眉《しょうび》の急であった。

努力の甲斐あってようやく話が決まり、納品が無事完了して、特販部が喜びにわきたっていたときである。たまたま、幸之助が上京、銀座にあった特販部に立ち寄った。責任者から改めて納入成功の報告を受けた幸之助は、「それはよかったな。ご苦労だった」と部員をねぎらったあと、こう続けた。

「しかし、物事はね、とどめをさすこと、これが絶対肝心なことやで。きみたちはとどめをさしたかね。さしとらん。

実は、今私は、そのデパートに寄って、売り場を見てきたんやが、仕入部に納品したことで満足しとったらあかん。

仕入部に納品できたかて、その商品を電化製品売場の冷蔵庫コーナーの人目によくつくよい場所に展示してもらい、販売促進につながる姿にしなければほんとうにそのデパートに納入したことにはならん。

今のところはまだ肝心のとどめがさされておらん」

幸之助は上京するなり、東京の主要マーケットを歩き、そのあとで特販部に立ち寄っていたのである。

ポイント

・成果は最後まで見届けること
・常に次の仕事を計画しよう

その7　自分に厳しくせよ
――自分の遅刻に減給処分

第二次世界大戦直後の昭和二十一年のことである。

この年の年頭、幸之助は〝この困難な時期を乗り切るために、今年は絶対遅刻はしないぞ〟という決心をした。ところが、一月四日、兵庫県西宮の自宅から、電車で大阪に出たところ、迎えに来ているはずの会社の車が来ていない。待っても待っても来ないので、とうとうあきらめて電車に乗ろうとしたとき、ようやく車がやってきた。完全に遅刻である。聞いてみると原因は事故ではなく、運転手の不注意であった。

幸之助は、その運転手はもちろん、その上司、そしてまたその上司と、多少とも責任のある八人を減給処分にした。もちろん、いちばんの責任者である幸之助自身も、一カ月分の給料を返上した。

世の中が混乱し、お互いの責任を守ろうという意識もおのずと薄れがちだった当時の風潮のなかで、幸之助のこの厳しい処分は社員の心を引き締め、混乱の時代を乗り越える原動力となった。

ポイント

・自分にはことさら厳しく。そうでなくてはリーダーは務まらない

その8 熱心の上にも熱心であれ
――「電池が語りかけてくる」

第二次世界大戦後の混乱期には、原材料も乏しく、乾電池にも不良が出ることがしばしばあった。

そんなある日、乾電池工場を訪れた幸之助は、責任者から不良が出る状況について説明を受けたあと、不良の乾電池を二、三ダースとコードのついた豆電球を十個ほど自宅にもち帰った。

翌早朝七時。幸之助はすぐに来るようにと電話で責任者を自宅に呼んだ。

責任者が訪れると幸之助は、まだ蒲団《ふとん》の中にいた。その枕元にはあかあかと豆球をつけた乾電池がずらりと並べられていた。

「これを見てみい。これはきのうきみのところからもち帰った不良の乾電池やで。きみは、アンペアが低いからあかんと言うとったが、みな直るで」

「社長、どんなにして直されたんですか」

「きみな、物というもんは、じっとこう前に置いて一時間ほどにらめっこしておったら、どんなにしてくれ、こんなにしてくれと言いよるものや。きのう、わしが帰って、飯を食べて風呂に入ってから、前に電池を並べてじっとにらめっこしてたら、〝炊いてくれ、炊いてくれ〟〝温めてくれ、温めてくれ〟と言うのや。それでコンロで湯わかしてな、温めたんや」

　見ると、確かに、横にコンロと手鍋が置かれている。

「きみら屁《へ》理屈《りくつ》ばかり言ってるけど、言うだけやなしに実際にやらないかんのやで。自分の一所懸命につくったものを抱いて寝るくらいの情熱をもって見とったら、それは、必ず何かを訴えよる。わしみたいに電池の理屈をよく知らんもんでも、解決方法が見出せる。きみは何年乾電池をつくってるんや」

「十四、五年でしょうか」

「それだけつくっておって、まだわからんのか。だいたい、電池をつくっておったら、不良が出るもんやと頭から決めてかかってるのやないか。ほんまはな、不良が出るほうがおかしいのや。だから不良が出たらどうするか、どこに誤りがあったのか、よう考えなあかんのや」

責任者は工場に帰ると、すぐ乾電池の製造工程の見直しに取り組んだ。このことがきっかけとなって、ぐっと不良を少なくすることができたのである。

ポイント

- 体験から生まれるカンが何かを教えてくれる
- 自分のレベルを最初から下げてはならない

その9　〝自分は社長〟の心意気をもて

──「うちに来てくれ」

第二次世界大戦中のこと、幸之助はある信託会社の社員と知りあった。その社員が、あるとき訪ねてきてこう言った。

「松下さん、今、東京に私の会社が経営の立て直しを頼まれている工場があるのですが、その工場を引き受けてくれませんか。これは非常に有望だと思います。松下さんがお買いになったら必ず立派な工場になると思いますから、ぜひ一度見てください」

幸之助は、その工場の内容や、それを引き受けることが松下電器にとってどれだけいいことかを諄々《じゅんじゅん》と説く青年社員の熱心さや話の内容に感心したが、一つ条件をつけた。

「話はよくわかりました。あなたがそれほどまでに勧めるのなら、引き受けましょう」

「ほんとうに松下さん、やっていただけますか」

「ええ、必ずやりましょう。しかし、それには一つ条件があるのです」

「どんな条件ですか」

「実はうちの会社も今、拡張の途上で人が足りない。だからあなたが松下電器に入ってその経営を担当してくれるのであれば、引き受けようと思うのだが、どうですか」

言下に答えが返ってきた。

「松下さん、せっかくですが、それはできません。なぜかといえば、私は今、信託会社で社長のつもりで仕事をしているんです。だから会社をやめるわけにはいかないのです」

「でも、社長のつもりといっても、実際は社員なのでしょう」

「もちろん身分は社員ですが、心持ちは社長です。社長が他の会社には行けません」

この言葉には、幸之助の心に響くものがあった。幸之助は、その工場を買うよりもその社員がほしくなった。けれどもよその会社からこっそり人を引き抜くようなことはすべきでないというのがかねてからの信念である。

そこで、引き抜くのではなく正式にもらいうけようと、あいだにしかるべき人を立てて、信託会社の社長に申し入れ、許しを得たのである。

その社員は松下電器に入社、大いに活躍した。

ポイント

・これこそ「社員稼業」の好例である
・社員といえど経営者感覚をもとう

その10 仕事に限界はない!

——「伸びる余地はなんぼでもあるよ」

昭和八年ごろのこと、幸之助が博多の九州支店を訪ねた。支店長は、幸之助に喜んでもらいたい、自分の手柄話を聞いてもらいたいという一心から、ナショナルランプのシェアの優位状況を得々と報告した。が、あとでつい口がすべって、今後の売上げを伸ばすのは非常に苦労だと付け加えた。

聞き終わった幸之助はこう言った。

「きみ、ご苦労さんやなあ。しかし、昨夜わしが別府《べっぷ》駅に着いて改札を出たら、各旅館の番頭さんがたくさん迎えに出ていた。

みんな、それぞれ旅館名の入ったロウソクの提灯《ちょうちん》をもっている。あのロウソクを電池ランプに変えたら、たいした数になるで。まだまだ伸びる余地はなんぼでもあるよ」

ポイント

- ビジネスの可能性には限りがない
- 困っても困らない考え方をしよう

コラム　幸之助の生き抜く力　その3「心意気」

オリンピック景気に陰りが出て、電機業界にも不況の波が押し寄せつつあった昭和三十九年八月のこと。松下電器の会長であった松下幸之助は、病気療養中の営業本部長の代行として再び営業の第一線に立ち、販売制度の大改革に不退転の決意で臨んだことがあった。

改革にあたって幸之助は、各地の代理店や販売会社などの集まりにみずから出向き、趣旨を根気よく説明して協力を求めた。しかし、必ずしも賛成の人ばかりではなく、幸之助にとって苦労の多い日々が続いた。

そのようななかで、あるとき幸之助は、秘書に浪花節『紺屋高尾《こうやたかお》』のレコードを買ってくるように命じた。『紺屋高尾』は、江戸吉原の高尾太夫の美しさに心奪われた染物屋の職人・久どんが、一夜の情けにあずかりたいと、三年間飲まず食わず働いて十五両ため、それを一夜にして使い果たすという物語である。

若き日に幸之助はこの浪花節を聞き、〝自分は久どんのような潔い真似はできん。せめて久どんの何分の一かの心意気をもちたい〟と思ったという。志を立ててやり抜く心意気、〝これ〟と決めたものに命をかけて邁進する一途な心意気に胸打たれたのである。

幸之助は、代理店や販売会社との交渉が難航するなか、この話をいま一度聞き、ともすると弱気になり、くじけそうなみずからの心を励まし、鼓舞しようとしたのだった。

実際、幸之助は、そのくらいの心意気がなければこの改革は成功しない、業界が立ち直るのであれば、今まで蓄積してきた会社の資産の大半を使ってもよいとさえ考えていたのである。一年後、そうした心意気が実り、改革は見事に成功、大きな成果をあげた。

心意気
松下幸之助

PART IV

上司・松下幸之助が教える

マネジメント・リーダーらしいひと言

できる経営者、マネージャーの言葉には不思議な説得力がある。それはあらゆる発言に、責任者としての哲学なり信念が宿っているからではないだろうか。

松下幸之助の言葉もまたしかり。言われた人が〝はっ〟とし、大きな気づきを得るのだ。

できる人、できるマネージャーになるヒントとして、幸之助が現場の人にどんな言葉を発していたかを紹介しよう。

その本質を知れば、マネジメント力は一段高くなるにちがいない。

1 「何のための仕事かね」

昭和十三年ごろのことである。

毎日のように工場と事務所を巡回していた幸之助が、ある青年社員に声をかけた。

「きみ、その仕事は何をやっているのかね」

「はい、これは販売統計表です」

「その統計表は何のためのものかね」

青年は答えられなかった。

「だれから指示されたのかね」

「主任です」

幸之助は主任を呼び、尋ねた。

「この統計表は何のためのものかね」

主任も的確な回答ができなかった。幸之助は、「仕事をする場合、あるいは仕事を指示する場合には、必ず目的をはっきりさせていなければいかんよ」

のちに幹部となった社員の入社二カ月目の思い出である。

鉄則1　仕事の目的と行動が合っているかに注意せよ

このエピソードにあるように、松下幸之助は気さくな人柄であった。入社間もない社員にさえ率直な意見を求めた。それは決してパフォーマンスとしてではない。一人ひとりの社員が、やりがいをもって仕事をしているか、正しい仕事の進め方をしているかを、みずから確かめたかったからである。

ところで、仕事とは目的あってこそのものである。仕事に向かう意識がいかに重要かは言うまでもない。つぎのような話も残っている。

昭和三十九年、松下電器の経営改革のために、会長でありながら、みずから営業本部長代行に就任したときのこと。ある朝、突然幸之助が、「今、事業部や営業所からとっている報告書、あるいは本社から出している定期的な通達を全部もってきてほしい」と指示した。

書類は会議用の机の上にすぐに山積みになった。しかし、一日、二日と経過しても、つぎの指示は何も出ず、幸之助は集めた書類を見ることもない。

ついに三日目、経理課長が、「これを返していただかないと仕事になりません」と幸之助の許可を得て、必要な書類をもち帰った。以降、数人がやむなく必要になって書類を取りにきた。だが、それまでであった。二十日目の朝、幸之助は残っている書類についてこう言った。

「これらの書類はきょうかぎり廃止や。二十日間も見ないですむ書類を、なんで集めたり出したりしているのか。もうやめや」

本来、必要なある目的のために為される仕事が、時間がたつにつれて、いつの間にか陳腐《ちんぷ》化・形骸《けいがい》化し、意味が薄れているのに惰性で続けられていることが少なくない。

現場で社員を指導した幸之助

幸之助はトップという立場にいながら、こうした現場での仕事のあり方をたいへん気にかけていた。小さな問題の積み重ねが会社にとって大きな問題につながるからである。したがって、できるマネージャーの第一歩は、目的と行動が合っているか、目的と行動にブレがないかをチェックできるかどうかである。現場の視点で、常に仕事のあり方を見直し、部下が誤った意識で仕事に取り組んでいる場合には、適切な助言や指導をすることがマネージャーの大きな責務なのだ。

2 「きみならできる！」

昭和二年、松下電器が初めてアイロンの開発を手がけたときのことである。幸之助は若い技術者を呼んで言った。
「今、アイロンというものを二、三の会社がつくっているが、使ってみると非常に便利である。しかし、残念ながら価格が高く、せっかく便利なものなのに多くの人に使ってもらうことができない。
そこで、わしは合理的な設計と量産によって、できるだけ安いアイロンをつくり、その恩恵にだれでもが浴せるようにしたい。今、師範学校を出て、小学校に勤めた先生は給料が安く、たいてい二階借りをして暮らしているが、そのような人でも買える価格にするためには、今四円から五円しているのを三円くらいに下げなければならない。それを松下でぜひやり遂げたいのだがどうだろうか」

技術者は、幸之助の熱意に感激した。すかさず幸之助は命じた。

「きみひとつ、このアイロンの開発を、ぜひ担当してくれたまえ」

かつてアイロンを任され、松下電器技術最高顧問となった中尾哲二郎（左）と幸之助

ところがその技術者は、金属加工の経験はあるけれども、アイロンなど電熱関係についてはまったく何も知らない素人である。当然辞退した。

「これは私一人ではとても無理です」

それに対する幸之助の言葉は、力強く誠意に満ちていた。

「いや、できるよ。きみだったら必ずできる」

そのひと言で青年の心は動いた。なんとかできるような気がしてきた。

「こういう意義のある仕事です。及ばずながらせいいっぱいやらせていただきます」

幸之助が願ったとおりの低価格で、便利なナショナルスーパーアイロンができあがったのは、それからわずか三カ月後であった。

鉄則2 部下のモチベーションを高めよう

松下幸之助は、どんなときも部下への思いやりや励ましを忘れることはなかった。たとえ厳しく叱ったときでも、反省を促したあとは、必ず励まし、元気づけた。だから、都合の悪い報告のため浮かない顔で幸之助の部屋に入った社員が、退出時には晴ればれとした表情になっていたことも度々だった。

昭和七年、金沢に出張所を新設することになったときのことである。幸之助はその責任者として二十歳を少し過ぎたばかりの青年に白羽の矢を立てた。突然の社命に、若い店員は喜びよりも不安のほうが大きく、幸之助に会うなり訴えた。

「そんな大役が私に務まるでしょうか。入社して二年ほどしかたっていないかけ出しです。年も二十歳を過ぎたばかりで経験もありませんし……」

幸之助は、こう答えた。

「いや、きみにできないことはないと思う。必ずできるよ。考えてもみい、戦国時代の加藤清正や福島正則などの武将は、みな十代から大いに働き、若くして自分の城をもち、家来を率いて、民を治めている。明治維新の志士にしても、みな若い人ばかりやったやないか。きみはもう二十歳を越えている。やれないことはない。大丈夫や、きっとできるよ」

幸之助の言葉に勇気を得た青年店員は、着任するや、準備に没頭。立派に開設に漕ぎ着け、一年にして六人の店員をかかえるまでの出張所に充実させたという。

幸之助の言葉に説得力があるのはなぜか。

それは「人間には無限の可能性がある」という、確固たる人間観から出た言葉だからである。信頼して任せれば、それぞれが自分の可能性を発揮して大きな成果をあげ、期待に応えてくれるという事例を、幸之助は、長年にわたる経験から幾度となく見てきたのである。

競争の激しい今日の社会において、企業と同様、個人に対しても「勝ち組・負け組」といった評価が下されがち。しかし、マネージャーとして陥ってはならないのは、成果が出ない人たちに「負け組」というレッテルを貼ること、まして役に立たない人材という見方をすることである。人間はだれでも能力を生かせる状況におかれれば、それをフルに発揮するものであり、まず必要なのは、そうした個々の人間の可能性を信じることだ。幸之助のようにいかなるときでも、部下のモチベーションを高める努力を怠らないようにすることが大切なのだ。

3「きみ、座布団が裏返しや」

京都東山山麓の真々庵でＰＨＰの活動を行なっていたころ、ここに幸之助はよくお客を招いた。そんなとき、幸之助は、お客が訪ねてくる予定時間の二時間くらい前に真々庵に着き、準備をしている社員に細かく指示をした。

庭に打ち水をするときは、お客様が来られたときに玉砂利《たまじゃり》や苔《こけ》がまだ十分に濡れているように、何分前に水を打てばいいかタイミングをよく計るように。またお客様にどのようなコースで歩いていただくか、みずから庭を歩きながら検討し、いちいち、「きみ、ここで止まって、こういう説明をしたらええな」と打ち合わせる。下検分は庭から座敷に入ってからも続く。

PHP理念の研究会の様子

「きみ、座布団が曲がっとる」

幸之助は、座布団が並べられた端に立って、「何番目が出すぎている」「何番目が引っこんでいる」と、こと細かに指示をする。さらには、「きみ、その座布団が裏返しや」「そっちは前後ろが逆や」と座布団に裏表、前後ろがあるのを知らない若い社員に指示する。

「きみ、灰皿もゆがんでいるな」

確かに、よく見ればまっすぐにはなっていなかった。社員が並べ直すと、幸之助はようやくにっこりとして言った。

「うん、これでええ。これでええ」

鉄則3 些細なことをおろそかにしない

このエピソードには、接待についての心がまえや、仕事への徹底ぶりなど、学ぶべきさまざまな要素が含まれている。なかでも、〝小さなこと〟へのこだわりは、松下幸之助が社員に対して、常に強く訴えたことの一つである。

昭和三十四年、幸之助は新入社員に対する講話でこのような話をしている。

「お得意先から一つの仕事を頼まれる。そのとおり社内なら社内に連絡する。それでもう用事は果たしている。けれどもそれだけではいけない。『あなたに頼まれたことを社内のだれだれに言っておきました』ということを、電話なら電話をかけて言う。そうしたら松下の人は非常にていねいやな、とお得意先が満足するわけです。

何でもないことだけれども、こういうことができる人は、私はだんだん信用を積んでいくと思いますね。また重宝がられる人になるには、そうしたことを怠らないことが第一歩だと思うんです。

だから、世の中で相当の仕事をするとかしないとかというときに、その人の頭のよい悪いもあるでしょうけれども、それ以上に大きな力というものは、そういう些細なところから築かれてくるんだということの理解が大事なんです」

むずかしいことよりも平凡なことを大事にして、それを積み重ねて基礎をつくり、その基礎のうえに、みずからの経験を生かしていく。幸之助自身、そうした姿勢に変わりがなかったからこそ、事業を大きく発展させることができたのである。

上位のマネージャーになれば、小さなことはつい部下に任せきってしまう。それ自体は、決して悪いことではない。しかし、仕事というものが平凡なことや小さなことの積み重ねで成り立っているとすれば、些細なことをおろそかにしない進め方を、マネージャーは部下にきっちりと認識させなければいけないのだ。

4 「お客さんに申しわけない」

「きみ、これ何や」
工場入口の受入検査台の上に積んであった電気アイロンのベースを見て、幸之助は資材係に尋ねた。
「メッキがあまりよくないのですが、返品するとあしたの仕事が止まるので、どうするかを主任さんに相談しようと思って、置いてあるのです」
「きみ、それはいかんよ。いくらあしたの仕事にさしつかえても、もし品質のよくない製品を売るようなことをしたら、お客さんに申しわけないやないか。それはもう主任に相談するまでもなくすぐ返品しなさい!

きみが受入検査の責任をもたされているんやから、きみが不良品やと思ったら、たとえ主任がよいと言っても、工場長が何と言おうと、断じて返品するぐらいの信念をもって仕事をしてくれたまえ」

鉄則4 自分本位になるな、正しい倫理観に徹せよ

エピソードにもあるように、松下幸之助は仕事に対して強い責任感、倫理観をもっていた。それは今巻《ちまた》で言われるCSR（企業の社会的責任）、企業倫理などが取りざたされるずっと前からである。

第二次世界大戦直後、松下電器が苦難の時代にあったころの話である。当時、松下きっての赤字工場は真空管工場であった。他社から仕入れている真空管をなんとか自社生産に移行したいと技術の向上に努めていたものの、容易に結果が出ない。そのために赤字になっていたのだ。

製造にしても、商工省（現経済産業省）の品質規則では、「合格品」ではなく「二級品」にしか当たらないものばかり。工場には二級品が三万本も積みあげられる状況となっていた。

お得意先の前で黒田節を披露

そんなとき、対応に苦慮している工場長のもとに、秋葉原の電気街の人が訪れ、その二級品をクズとして買いたいと言ってきた。三万本を百万円で買い取るという。工場長はこれ幸いと売り払った。ところが、しばらくして、その真空管が、松下とよく似たマークをつけて市場に出回りだしたのである。売り払った粗悪品が横流しされたのだ。

幸之助に呼ばれて事実を質《ただ》された工場長は理由を聞かれ、工場経営の苦しさを正直に訴えた。

「苦しくて一銭の金でも回収したいと思って売ったのです」

それを聞いて幸之助は、たとえ赤字であっても、工場での懸命な経営努力を知っているからこそ叱りもしなかったではないか、と諭《さと》しながらつぎのように続けた。

「きみ、事業というものは、いかに苦しいことがあっても、心を売ってはならん。きみはたかが百万円のために、松下の事業精神を冒瀆《ぼうとく》したことになるぞ。もちろん、事業は一銭の金を惜しんで経営すべきものである。しかし、時と場合によっては、百万円の金を惜しんではならんことがあるのだ。そこのところの理屈がわからんようでは、立派な仕事はできんぞ」

幸之助はこのように、業績以上に、商品を利用するお客様により満足してもらいたい、社会の要望に最大限に応えるサービスを実現したいという気持ちに徹して仕事に取り組むべきだと考えていたのだ。

組織が大きくなると、お客様と直に接する社員の比率が小さくなり、仕事の臨場感が失われて自分本位の感覚で仕事をしがちになってしまう。マネージャーはその恐ろしさを部下以上に敏感にとらえ、常に〝お客様第一〟の姿勢であたる信念を堅持していなければならない。

5 「肝心なのはきみだよ」

あるとき、あまり仕事のうまくいっていなかった幹部が、「もう少し優秀な部下がいたらと思います」と愚痴をもらした。それを耳にした幸之助は、とたんに姿勢を正し、「きみ、その考え方は間違っている」と言った。

「きみは大学も出てしっかりした男や。仕事も熱心にやってくれるし、一つ言えば十も悟る。非常に私はあてにしている。しかし、きみみたいな人間ばかりやったら、私は夜ゆっくり寝られんわ」

どういうことかと訝《いぶか》る幹部に、幸之助は経営の心がけを説き聞かせた。

「きみは優秀だよ。優秀やから、私が寝ているあいだにきみは勝手に違うところに会社をもっていくかもわからん。目を覚まして会社がどこか違うところへいっていたらたいへんやないか。そう考えたら夜も心配で眠られへんで。きみはいま、優秀な人間がいたらと言ったけれども、事業は優秀な人間ばかりでできるものやないんや。優秀な人間を集めたからといって、優秀な会社になるとは限らん。

だれしもが少しでもいい仕事をして、会社に喜んでもらい、自分も喜びたい、世間の役にも立ちたいと思って会社に来ているはずや。大事なのは、その人たちが示された方針をきちんと守ってやってくれるかどうかであって、優秀かどうかではない。肝心なのは、その人たちに対して、はっきりと方針と会社の目標を示して、やり方を明示することなんや。肝心なのはきみだよ」

鉄則5　目下の者に責任を押しつけてはならない

松下幸之助は長年の経験から、ある部の業績が上がらないときに担当の責任者に実情を質すと、その理由の多くに、「一所懸命やっているのですが、部下のなかにどうも適当でない人がいて、成績が上がらないのです」といった言いわけが入るものだと述べている。

現実には確かにそうした事情もあるだろう。また責任者として部下への適切な助言や指導に日々努めているにもかかわらず効果がなくては、焦燥感が出ても不思議ではない。

しかし、厳しいようだが、部は部長一人、課なら課長一人に一切の責任がある、というのが幸之助の鉄則だ。

社内を自転車で走る幸之助

あらゆる部や課にはそれぞれ果たすべき使命があり、その使命遂行の最高責任者はだれかといえば、それはほかならぬ部長であり、課長である。もしも、ほんとうに適性を欠いた不都合な部下がいるならば、さらなる上司に訴えて配置転換を願ってでも、成果をあげられる体制にもっていかなければならない。

昨今、人材活用のために、各社で組織改革をはじめさまざまな試みが行われている。社員のなかには、これまで経験のない仕事に就くことに不安を覚えている人も多いかもしれない。

それだけに中間マネージャーの責任はいっそう大きくなったといえる。方針や目標を明示し、やる気を高めて、それぞれの部下の適性や能力を徹底的に引き出すことができるかどうか。手腕の見せどころは無限にある。真のマネージャーとは、どのような困難があろうと最後まで責任をもってやり抜ける人であり、言いわけなどする前に、決然と対策を講じ問題を解決していく者と心得よう。

6「しるこ屋をやれ！」

昭和三十年ごろのことである。新型コタツの発売に踏み切った直後に、誤って使用されれば不良が出る恐れがあるとの結論が出て、市場からの全数回収が決定された。

その回収に奔走していた電熱課長がある日、幸之助に呼ばれた。

「きみが電熱担当の課長か」

「はい、そうです」

「会社に入って何年になるかね」

「十八年になります」

「きみ、あしたから会社をやめてくれ」

「……」

「今、会社をやめたら困るか」

「困ります。幼い子どもが二人いますし……」

「それは金がないからだろう。きみが困らないように金は貸してやろう。その代わり、わしの言うとおりにやれよ」

「はい……」

「会社をやめて、しるこ屋になれ」

「……」

「まあ、立ってないで、その椅子に座って。きみは、まずあしたから何をやるか」

「新橋、銀座、有楽町と歩いて、有名しるこ屋三軒を調査します」

「何を調査するのや」

「その店がなぜはやっているのか、理由を具体的につかみます」

「つぎは？」

「そのしるこに負けないしるこをどうしてつくるか研究します。あずきはどこのがよいか。炊く時間と火力、味つけ等です」

「おいしいしるこの味が決まったとしよう。ではそのつぎは？」

「……」

「きみ、その決めた味について、奥さんに聞いてみないかん。しかし、奥さんは身内やから『うまい』と言うやろ。だから、さらに近所の人たちにも理由を説明して、味見をお願いしてまわることや」

「はい、必ずそれをやります」

「自分の決めた味に自信をもつこと。それから大事なのは、毎日毎日、つくるごとに決めたとおりにできているかどうかみずからチェックすることや」

「必ず実行します」

「それだけではまだあかんよ。毎日初めてのお客様に、しるこの味はいかがですかと聞くことが必要やな」

「はい、よくわかりました」

「きみはそのしるこをいくらで売るか」

「三店の値段を調べてみて、五円なら私も五円で売ります」

「それでいいやろ……、今、きみが五円で売るしるこ屋の店主としても、毎日これだけの努力をせねばならない。きみは電熱課長として、何千円もの電化商品を売っている。だからしるこ屋の百倍、二百倍もの努力をしなくてはいけないな。そのことがわかるか」

「はい、よくわかります」

「よし、きみ、いまわしが言ったことがわかったのであれば、会社をやめてくれは取り消すから、あしたからは課長としての仕事をしっかりやってくれ」

鉄則6 マネージャーはまさしく〝経営者〟だ

松下幸之助は、どんな小さな仕事も一つの経営であるとして、たとえ平社員であっても、あたかも個人事業の社長のごとき経営者としての意識をもつ必要があると訴えていた。マネージャーとして責任ある地位にある者なら、なおさらのことだ。

そして、部下がマネージャーの立場でありながら、経営のコツや妙味という

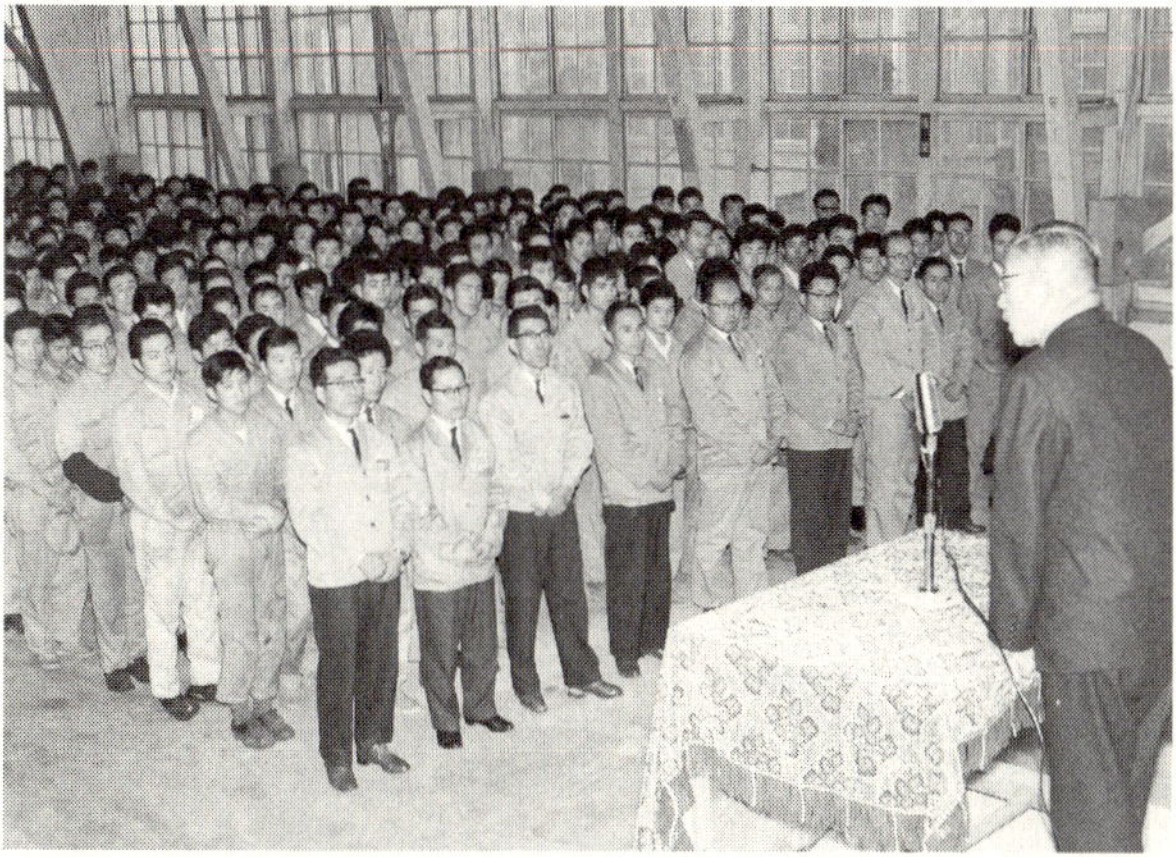

社員に経営者意識をもつことを訴えていた幸之助

ものを会得していないと感じられたとき、幸之助はよく、個人事業主の仕事に学ぶように叱咤した。

第二次世界大戦前のもっと古い話だが、幸之助はある経営幹部にもつぎのように言ったという。

「きみなあ、あしたから会社へ来なくてもいいから、魚屋へ二、三カ月、丁稚奉公に行ってくれ」

驚いた幹部が、「魚屋というのは魚河岸のことですか」と聞き直すと、

「いやいや、会社の近くの門真に魚屋がいっぱいあるやないか。そのどこの店でもええから、行って勉強してこい」

真意を測りかねている幹部に、幸之助はこう続けた。

「今きみは、製品の在庫をだいぶかかえとるそうやな。魚屋だったら、きょう仕入れたものは、きょう売ってしまわんと、あしたになったら値打ちが半分になる。そやからきょう売れるという見通しをちゃんと立てて仕入れとるぞ。その仕入れのコツを魚屋で勉強してきたらいい」

このように、幸之助は、しるこ屋や魚屋、あるいは屋台のそば屋といった人たちの仕事には立派な経営があり、組織の管理者も、個人事業主のような経営感覚を身につけていなければ失格だと考えていたのだ。

すぐれた組織は、トップは当然のこととして、すべてのマネージャー、また社員が、責任をもって自分の仕事を把握し経営している組織であるといってよい。自分をほんとうに一国一城の主、〝経営者〟と見なし、高みに立った感覚で仕事をマネージできれば、一皮《ひとかわ》むけたといえるはずだ。

コラム

幸之助の生き抜く力　その4「自得」

松下幸之助は昭和九年の元旦、松下電器社員に対する年頭の挨拶のなかで、お年玉として「経営のコツここなりと気づいた価値は百万両」という標語を贈り、「これは決して誇大な妄語ではなく、真に経営の真髄を悟り得たうえは、十万百万の富を獲得することもさしたる難事ではない」と述べている。

幸之助は、企業経営はもとより、国家や家庭の運営も、およそ何らかの目標を立ててその実現をめざす活動はすべて経営であり、その経営をうまく行うためにはコツをつかまなければならないと考えていた。そして、そのコツはどうすればつかめるのかというと、「これがまさにいわく言いがたし、教えるに教えられないもの。経営学は学べても、生きた経営のコツは、教えてもらって〝わかった〟というものではない。いわば一種の悟りともいうべきものではないか」と言っていた。

　日々の仕事に懸命に打ちこみ、その都度、これは成功であったなとか、ここのところはもうひとつうまくいかなかったなとか、反省を重ね、その体験のなかから間違いのないやり方を身体で感じ取る。そうして得たコツは単なる知識や理論として覚えたものではないので、自分の身につき、何にでも応用ができる、いわば生きた人間の知恵であるというのである。

「自得」の書には、さまざまな苦労や体験を重ね経営のコツをみずからつかみとってほしいという幸之助の切なる願いと、頭で理解しただけでわかったつもりになっていないか、という問いかけがこめられている。

自得
松下幸之助

PART V

キーワードで読む

松下幸之助のビジネス感覚

松下幸之助の発する一つひとつのキーワードは簡単に生まれたものではない。日々の仕事のなかで「なぜ」「なぜ」という問いをみずからに投げかけ、その答えとして辿りついたものだ。その真意を考えてみよう。

経営感覚

雨が降れば傘をさす経営

ある新聞記者から、「松下電器の成功の秘訣はどういうところにあるのか」と問われた松下幸之助は、その記者に「雨が降ればあんたはどうしますか」と問い返した。そして「私なら傘をさします」と言う記者に、「そう、それが秘訣ですよ」と答えている。

すなわち、雨が降ればだれでも傘をさす。そうすれば濡れないですむ。それが天地自然の理に順応した姿である。経営もまた、雨が降れば傘をさすように、当たり前のことを当たり前にやることに尽きる。百円で仕入れたものは百十円で売る。商品を売れば代金をいただく。そういうきわめて当たり前のことを着実にやり遂げていくならば、経営はもともとうまくいくようになっている、というのである。

雨が降れば傘をさすことは、だれもが知っているし、やっている。ところが、商売や経営のこととなると、これがなかなか当たり前にはいかなくなる。私心にとらわれて判断を誤り、傘もささずに歩き出すようなことをついついしてしまう。

たとえば、激しい競争に負けまいとして、原価以下に値引きしたり、相手先からいわれるままに代金の回収を延ばしておきながら、一方でほかから新たに資金を借りようとする。それではうまくいくはずがない。やはり利益をあげるためには仕入値以上の価格で売る。また借金をする前に、まず集金に全力を注ぐのがほんとうで、それでもなお資金がいるときに、初めてほかから借りるべきである。

それが雨が降れば傘をさす姿、天地自然の理に従った姿であり、その当たり前のことを適時適切に実行するというところにこそ、商売、経営の秘訣がある、というのである。

ガラス張り経営

幸之助は、松下電器の経営を、創業時からできるかぎり秘密をもたず、内外ともにありのままの姿を知ってもらうという方針で進めてきた。いわゆる〝ガラス張り経営〟である。

まだ個人経営の時代から、家計と店の会計をはっきりと区別し、毎月、「先月はこれだけ売れた。そしてこれだけ利益があがった」と従業員に発表するということを、公明正大に行なった。

製造の面においても同じような方針をとった。ＰＡＲＴＩで紹介したように、当時、ソケットやプラグなどの材料となる煉物の原料や製法は、どこでも秘密とされていた。だから煉物の製造は、工場主自身か、あるいは兄弟、親戚などの身内にやらせるのが常識であった。しかし、そういう秘密主義では、事業を伸ばしていくことはできないと考えた幸之助は、必要な場合には、きょう入った新入店員にも製法を教えて任せるようにした。

こうしたガラス張り経営によって、全員が経営をしているのだという意識が自然に育まれていったという。

「経営の実態について秘密を少なくし、いろいろ知らせることが、社員の自主性を養い、好ましい気風を生むうえでも大いに役立った。このことは今日においても、また会社全体だけでなく、それぞれの部署においても同じことである。一つの部なら部員全体、一つの課なら課員全体が、自分の部署の方針や仕事の実態を知ってこそ、各人の自主的な力強い働きも期待できる。だから、上に立つ人は常にそういう姿を生み出すのだという心がまえをもたなくてはならない」。後年、幸之助はこう語っている。

企業の社会的責任

幸之助は、みずからが考える企業の社会的責任は、大別するとつぎの三つになると述べていた。

一．企業の本来の事業を通じて、社会生活の向上、人々の幸せに貢献していくこと。

二．その事業活動から適正な利益を生み出し、それをいろいろなかたちで国家社会に還元していくこと。

三．そうした企業の活動の過程が、社会と調和したものでなくてはならないこと。

それぞれの項目を要約して説明すると、以下のようになる。

第一の〝その事業を通じて社会に貢献する〟ということは、企業の基本的使命である。これは、製造会社であれば、すぐれた製品を開発し、適正妥当な価格で、必要な量を生産供給していくということであり、流通業であれば、十分なサービスをしつつ、製品を円滑に需要者に提供していくことである。そうした本業を通じての社会への貢献が、企業の基本の使命であり、この点に欠けるものがあれば、他の面でいかにすぐれていても、その企業は真に社会的責任を果たしていることにはならない。

第二の〝適正利益の確保〟は、企業がその基本の使命を十分に果たしていくためにも、また社会に別の意味でプラスしていくうえでも必要不可欠である。そのことは、企業の利益がどのように使われているかを見れば、一目瞭然《りょうぜん》であろう。

つまり、利益の約半分は税金として、国家や自治体に納められ、残りの二〇〜三〇パーセントは、株主への配当になる。その配当に対しても税金がかかるから、企業の利益の六〇〜七〇パーセントは、税金として納められ、国民全体に還元される。もしすべての企業が利益をあげなかったら、国や自治体は、そのぶん税金が入らず、国民のための施策ができなくなってしまう。

したがって、企業が適正な利益をあげ、税金のかたちで国家社会に還元することは、国民の福祉向上に欠かすことができないものであり、そのこと自体が一つの大きな社会的責任だと考えられる。

第三の〝社会との調和〟は、企業がその活動を展開していくうえで関わりをもっている国家、地域社会、業界、仕入先、販売先、諸外国などとの調和を保ちつつ、企業活動を行なっていくこともまた企業の社会的責任であるということである。

つまり、企業が社会的使命を果たす過程において社会に迷惑をかけるようなこと、たとえば公害を出すようなことがあれば、当然その社会的責任が問われることになる。

企業は社会の公器

どのような企業でも、本来は人々のため、社会に役立つために存在している。そして天下の人、天下の土地、天下の金を使って、経営を進めている。それゆえに企業経営は私事ではない。私企業といえども公器である。そういう信念に立たないといけない、ということが幸之助の経営観の根底をなしていた。

〝社会の公器を預かっている〟と考えると、たとえ個人の企業であろうと、私の立場で考えるのでなく、常に共同生活にプラスになるかマイナスになるかという観点からものを考え、判断しなければならないことになる。そこにおのずと公平無私な企業の経営というものが生まれてくる、と幸之助は言う。

また、企業が公器だとなれば、その企業の活動にあたって人を使うことも、私事ではなく公事だということになる。自分一人の都合、自分一人の利益のために人を使っているのではなく、世の中により役立つために人に協力してもらっているのである。そう考えると、そこに一つの信念が生まれてくる。

人を使って仕事をしていれば、ときには叱ったり、注意したりしなくてはならないこともある。人情としては、叱るほうも叱られるほうもあまり気持ちのいいものではない。しかし企業は社会の公器であり、人を使うことも公事であるとなれば、そうした私的な人情でなすべきことを怠るのは許されなくなる。だから、信念をもって言うべきことを言い、叱るべきときには叱るというようになる。

このように幸之助は、企業を社会の公器と考え、その企業の使命に照らして何が正しいかを考えつつ、経営を進めるように心がけなくてはならない、と説いている。

厳しいお得意先ほどありがたい

商売をしていると、得意先にもいろいろあって、非常に厳しい要求、追及をされるところと、そうでないところとがある。

こんな場合、幸之助は、何も言わないお得意先もありがたいが、厳しい注文をつけるお得意先のほうが、もっとありがたいと思わなければいけない、と言う。

たとえば洋服屋さんであれば、仕立てたものをもっていくと、いつも「結構、結構」と喜んでくれるお客がいる。この人は非常によいお得意先であるが、そういう得意先ばかりをもっていると、いつしかその洋服屋さんは技量が落ちてくる。ついつい勉強を怠るようになるからである。ところが、うまくやってもなお細かいことで注文をつけるお得意先がいる。困ったなと思いつつも、そう腹を立てるわけにもいかず、気に入ってもらえるよう努力する。そういうことを重ねているとだんだん仕立てがうまくなってくる。厳しい要求を受けることによって、進歩向上が生まれてくるのである。だから厳しい得意先ほどありがたいことになる、というのである。

幸之助は後年、つぎのように述懐している。

「松下電器は、全商品を吟味し、常に小言を言ってくださる非常にむずかしいお得意先をもっていたことによって、今日がある。十分に品物を吟味せず、こっちがつくったものを〝ああ、そうか〟と言って扱ってくれるというようなところが多かったならば、そのときは幸せであるけれども、いつしかこっちが勉強しなくなったであろう」

共存共栄

お互いがつながりあって成り立っているこの社会において、一つの会社だけが栄えるということは、一時的にはありえても、決して長続きするものではない。やはりともどもに栄える、共存共栄するということでなくては、真の発展、繁栄はありえない。それが自然の理、社会の理法であり、自然も人間社会も、共存共栄が本来の姿なのである。

このような考えに基づいて幸之助は、共存共栄に徹することを松下電器の経営理念として、一貫して掲げ続けてきた。すでに昭和十一年、松下電器の経営精神を明らかにしたなかでも、製造、配給、小売業三者の共存共栄をはっきりとうたっている。もちろんそこには、よりよい物をより安くという需要家への視点が前提になっていることは言うまでもない。

仕入先、得意先、需要者、株主や銀行、地域社会、さらに近年のような国際化時代においては、諸外国の企業や業界、需要家など、企業経営は、多くの相手先とさまざまな関係を保ちつつ進められている。そうした関係先の犠牲においてみずからの発展を図るようなことは許されない。それは結局、みずからをも損なうことになる。

やはりすべての関係先との共存共栄こそが、企業自体を長きにわたって発展させる唯一の道である、というのが、幸之助の終始変わらない信念であった。

もとより共存共栄は、関係者が互いにもたれあい、依存しあうことではない。その点についても幸之助は、「まずそれぞれがしっかりと独立すること。

独立してもふらふらしていては隣の人が迷惑する」と、自主責任経営のないところに共存共栄はありえないことを明言している。

つまり、共存共栄の実をあげるには、各自がその自主性、独立性を堅持し、そのうえで協力していかなければならない、というわけである。

経営は生きた総合芸術

画家が一つの構図を考え、真っ白なキャンバスに絵具をぬって絵を仕上げていく。できあがったものは、単なる布と絵具ではない。そこに描いた画家の魂が躍動している芸術作品である。それはあたかも、無から有を生じるような立派な創造である。

経営も同様である。一つの事業の構想を考え、計画を立て、資金を集め、工場その他の施設をつくり、人を得、製品を開発し生産し、人々の用に立てる。その過程は、創造の連続であり、そのいたるところに経営者の精神が生き生きと躍動している。その意味で、事業経営も、無から有を生む創造活動であり、経営もまさしく芸術の名にふさわしいものである、と幸之助は言う。

しかも事業経営には各部門ごとに経営があり、その一つひとつが絶えず変化する社会情勢、経済情勢に即応し、一歩先んじて手を打つ必要がある。その点で経営は、描き終われば完成という絵画などの独立した芸術とは趣を異《こと》にしている。言うなれば経営は、「完成のない芸術」「生きた総合芸術」だというのである。

もっとも、「経営は生きた総合芸術」とは言っても、それによって経営を他の芸術より高しとするものでないことは言うまでもない。幸之助は、経営も芸術に匹敵する高い価値をもつものであることをお互いに自覚認識し、そこに誇りをもって、最大限の努力をしていこう、というのである。

絵にも名作と駄作があるように、経営にも生きた総合芸術と呼ぶにふさわしいすぐれた経営もあれば、駄作、失敗作の経営もある。そして経営の駄作は、絵の駄作とは比べようもないほどに、大きな迷惑を関係各方面に及ぼす。したがって経営者には、芸術家以上の厳しい精進努力が求められている。そのことを、誇りをもつことと併せて経営者は自覚しなければならない、というのである。

経営理念とは何か

幸之助は、みずからが半世紀以上にわたって企業経営に携わってきた体験から得た信念として、事業経営を進めるうえでいちばん根本になるのは、経営理念を確立することであると言っている。

このことは幸之助の著書『実践経営哲学』の冒頭の章で強調されているが、経営理念とは〝この会社は何のために存在しているのか。この経営はどういう目的で、またどのようなやり方で行なっていくのか〟についての基本の考え方である。そうした正しい経営理念が根底にあってこそ、人や技術や資金といった経営に不可欠の要素が生まれてきやすくもなるし、それらが真に生かされることにもなる、というのである。

経営者が経営理念を確立すれば信念的に強固なものができ、従業員に対しても、また得意先に対しても、言うべきことを言い、なすべきことをなすという力強い経営ができるようになる。また従業員も使命感に燃えて仕事に取り組むようになり、経営にいわば魂が入る、という。

幸之助は、みずからが実践に努めてきた経営理念の具体的な内容として、『実践経営哲学』のなかでつぎのような項目をあげている。

＊ことごとく生成発展と考えること
＊人間観をもつこと
＊使命を正しく認識すること
＊自然の理法に従うこと
＊利益は報酬であること
＊共存共栄に徹すること
＊世間は正しいと考えること
＊必ず成功すると考えること
＊自主経営を心がけること
＊ダム経営を実行すること
＊適正経営を行うこと

＊専業に徹すること
＊人をつくること
＊衆知を集めること
＊対立しつつ調和すること
＊経営は創造であること
＊時代の変化に適応すること
＊政治に関心をもつこと
＊素直な心になること

中小企業は人を一二〇パーセント以上生かす

ともすると社員が、いわゆる事なかれ主義の傾向に陥り、その働きを十分に生かしにくい大企業に比べ、中小企業のほうが人を十二分に生かすことができる、と幸之助は考えていた。

なぜ、中小企業のほうが人を生かせるのか。それは一つには、中小企業の場合、事なかれ主義ではその会社がつぶれてしまう。どうしてもいやおうなしに働かなければならないさし迫った状況にあるからだ、という。またこうも言っている。

従業員が、二十名とか五十名ということであれば、お互いの気心や動きがよくわかって、打てば響くすばやい動きができやすい。そういうことからも中小企業ほど人がその能力を十分発揮しつつ働きやすいところはないし、また実際よく働いていると思う。世間ではとかく中小企業は弱いという。けれども、大企業が個々の人の力を七〇パーセントぐらいしか生かすことができなくても、中小企業は一〇〇パーセント、やり方によっては一二〇パーセントも生かすことができる。そういうところに、中小企業の一つの大きな強みがある。その強みを中小企業は積極的に生かしていくことが、きわめて大切である。

人間の能力は、固定したものではない。その人がおかれた環境によって、十の能力の人が二十の働きをしたり、反対に、五の働きしかしないこともある、というのである。

事業部制や社員稼業の考え方は、大企業になっても人の力を十二分に生かすための、幸之助の工夫から生まれたものともいえよう。

適正利潤

幸之助は、「企業の赤字は罪悪である」とまで言って、企業が儲けること、言い換えれば適正利潤を確保することの大切さを強調している。

それはなぜかといえば、企業の利益とは本来、その活動を通じて社会に貢献した結果、報酬として得られるものである。だから赤字であるということは、社会に何らの貢献をしていないということであり、企業の本来の使命を果たしていない姿である。それは許されることではない、というのがまず何よりの理由である。

また、各企業が赤字ばかりで利益をあげえなければ、国家税収の約三分の一を占める法人税が入らなくなる。それでは教育、福祉、その他いろいろな社会施設の拡充といった国や自治体の施策が不可能になって、結局国民が困ることになる。さらに企業自体も、常に新たな研究開発なり設備投資を行なって事業を拡大発展させ、それを通じて人間生活の限りない発展に貢献していくことができなくなる、というのである。

それでは適正な利潤とは、その根拠をどこに求めたらいいのだろうか。この点について幸之助は、具体的な数字は業種や業態によって異なるとしながらも、つぎのように述べている。

「利益のうちの半分以上は税金として納め、残りの二〇～三〇パーセントは株主に対する配当として支払うのだから、社内に蓄積できるのは全体の二〇パーセント前後にすぎない。つまり、製造業の場合であれば、十億円の利益があっても、蓄積に回るのは二億円前後である。十億円の利益を生むには、かりに売上利益率を一〇パーセントとしても、百億円の売上げが必要である。言い換えれば、百億円の売上げがあっても、企業がその本来の使命遂行のため、投資に使えるのは、わずか二億円にすぎない。その程度の利益すらも確保できないようでは、企業としての生成発展もできなくなる。そういうことで私は、売上利益率一〇パーセントを適正利潤と考えて経営を行なってきた」

物をつくる前に人をつくる

「松下電器は何をつくるところかと尋ねられたら、松下電器は人をつくるところです。併せて電気器具もつくっております。こうお答えしなさい」。まだ創業間もないころから、幸之助は、事あるごとに、従業員にそう話していた。

事業は人にあり、人をまず養成しなければならない。人間として成長しない人をもつ事業は成功するものではない。電気器具そのものをつくるということは、きわめて重大な使命であるが、それに先んじて、事業にはまず人材の育成が肝要である。資本や技術、設備がいくら充実していても、人材が育っていなければ、事業は成り立つものではない、というのである。

ここで幸之助の言う人材の育成とは、単に技術力のある社員、営業力のある社員を育成すればよいということではない。自分が携わっている仕事の意義、社会に貢献するという会社の使命をよく自覚し、自主性と責任感旺盛《おうせい》な人材を育成すること、いわば産業人、社会人としての自覚をもち、経営のわかった人間を育てることで、それが幸之助がめざした真の意味での人材育成であった。

六〇パーセントの見通しと確信があれば……

何事でも、事を進めようと思えば、判断が先に立つ。その判断を誤れば、せっかくの労も実を結ばないことになる。しかし、お互いに神さまではないから、先の先まで見通して、すみからすみまで見極めて、万が一にも誤りのない一〇〇パーセント正しい判断などは、まずできるものではない。できればそれに越したことはないけれど、一〇〇パーセントは望めない。

そこで幸之助はつぎのように言う。

お互い人間としては、せいぜいが六〇パーセントというところ。六〇パーセントの見通しと確信ができたならば、その判断はおおむね妥当と見るべきであろう。そのあとは勇気である。実行力である。いかに的確な判断をしても、それをなしとげる勇気と実行力がなかったら、その判断は何の意味ももたない。勇気と実行力とが六〇パーセントの判断で、一〇〇パーセントの確実な成果を生み出していくのである。

この「六〇パーセント主義」は、人に仕事を任せる場合にもあてはまる、と幸之助は言う。

ある人に仕事を任せようとする場合、六〇パーセントぐらいの可能性があると思ったら、その人に任せてみる。そうすると、なかには失敗する人もあるけれど、結構うまくいく場合が多い、というのである。人間に完全無欠ということはありえない。だから人を使う場合でも、そういう人間の姿をありのままに見て、そのうえで無理をしない行き方をとることが大切だ、というわけである。

苦情から縁が結ばれる

需要家の方からいただくお誉《ほ》めの言葉はもちろんありがたいが、苦情の手紙を頂戴することもありがたい。なぜなら、苦情から縁が結ばれるからである、と松下幸之助は言っている。

その一例として、ある大学の先生から、製品に故障があったという手紙がきた。担当者が行ったところ、先方は非常に立腹している。そこで誠意を尽くして説明し、適切な処置をとった結果、怒りもとけて、喜ばれた。それだけでなく、それがきっかけで逆に好意をもってもらい、他の学部にも紹介していただいたことがあった、という。

苦情に対して誠意をもって対処すれば、新たな商売にも結びつく。だから、苦情を言うお得意先はありがたい。一方、苦情を言わないお得意先は、そのまま「もう買わない」ということで終わってしまうかもしれないのである。

むろん苦情が出たとき、それを放置したり、対処の仕方が悪ければ、そのまま縁が切れてしまう。だから、苦情がきたときは、「これは縁が結ばれるぞ」と考えて丁重に扱い、不満の原因をつかむとともに、誠心誠意をもって対処しなくてはならない、というのである。

健康管理も仕事のうち

会社生活をしていくうえで大切なものの一つは健康である。いかにすぐれた才能があっても、健康を損ねてしまっては十分な仕事ができず、その才能も生かされないまま終わってしまう。

若いころから病弱だった幸之助は、特に健康には十分気を配り、その保持に努めてきたが、その体験に基づいて、健康管理の大切さを常に訴えていた。

健康であるためには、栄養とか、休養、さらには適度の運動とか、注意すべきことがいろいろあろう。しかし、特に大切なのは、心のもち方である。心を躍らせて仕事をしていれば、人間は少々のことで疲れたり病気したりはしないものである。ところが反対に何となく面白くないという気分で仕事をしていると、その心のスキに病気が入りこんでくる。

だから、健康管理も仕事のうちと考え、心を躍らせて仕事に取り組むことを基本に、それぞれのやり方で心身の健康を大切にしてほしい、というのである。

社員稼業

うどん屋さんにしてもそば屋さんにしても、およそ独立して一つの稼業を営んでいる人は、自分の事業として物事を判断し、そこに精神を打ちこんでいる。しかし、大きな会社の社員ともなれば、そのような独立経営者の立場、あるいは自分の才能、判断において仕事を自由に推進していける立場に立てる人は少ない。いきおい、与えられた仕事を無難にこなせばよいというような、いわゆるサラリーマン根性にもなりやすい。

そこで幸之助は、常々社員の人たちに、「自分は〝社員稼業〟という一つの独立経営体の主人公であり、経営者である」という心意気で仕事に取り組み、ものを見、判断することができないか、と提案していた。そのような考えに徹することができれば、わがこととして働く喜びを味わえてつらいことも乗り越えられるし、自分の稼業が繁栄していく喜びに、疲れも時のたつのも知らないということにもなるだろう、というのである。

幸之助は、社員の人たちに、「最終的に係は係長、課は課長、部は部長一人の責任だ」と、責任者がその責任を自覚することの大切さを説いてきたが、その最小単位が一人ひとりの社員であり、その一人ひとりが社員稼業の主人公として、経営者、責任者の自覚に立つことを呼びかけていたのである。

集金、支払いにいつも敏感に

「お金をルーズにすれば、何もかもがルーズになる」と、集金と支払いに対していつも敏感に、誠実、正確な取引を着実に進めることを、幸之助は商売のカナメの一つとしてあげている。

倒産した会社を見ると、その多くがいわゆる放漫経営に陥っている。日ごろから、集金や支払いに対する関心が薄く、ルーズにするつもりはなくても、いつのまにか集金や支払いという締めくくりを第一義とする感覚を失っている。そのゆるみが万事に及んで、経営が放漫になる。その咎めがやがて、いろいろの支障となって現われ、ついには倒産に追いこまれるのである。

だから、商売の大小を問わず、いい経営をやろうと思えば、日ごろから集金をきっちりし、支払いもきっちりし、取引のすべてにわたってきっちり行う。そんな誠実で正確な姿から信頼も生まれてくる。

商売繁盛の原理は、何もむずかしく考える必要はない、そういう平凡なところにあるのではないか、と幸之助は言っている。

商品はわが娘、お得意先はかわいい娘の嫁ぎ先

幸之助の物づくりに対する情熱はなみなみならぬものだったが、その商品が売れていったあとのことに対して、こんなことを言っている。

「私どもが毎日扱っている商品は、言うなれば、長いあいだ手塩にかけたわが娘のようなものである。だから、商品を買ってもらうということは、自分の娘を嫁にやるようなものであり、そのお得意先は、かわいい娘の嫁ぎ先というこになる。娘を嫁にやれば、娘がむこうの家族に気に入ってもらっているかどうかといったことが絶えず気になるのと同じように、商品についても十分にお役に立っているかどうかが心配になって、〝ちょっと様子を見てこようか〟という気持ちが起きてくるのではないか」

そういう気持ちにまで徹すれば、お得意先とのあいだに、単なる商売の関係を超えた、より深い信頼関係、力強い結びつきが生まれてくる、というのである。

率先垂範

企業の大小を問わず、経営者、責任者たるものは、やはりみずからが先頭に立って、真剣に一心不乱、身をもって社員の人たちに範を示すことが大切で、自分もそのように考えてやってきた、と幸之助は言っている。

むろん実際の仕事は部下に任せるということが多くなるけれど、その際にも、いつでも自分が率先垂範《すいはん》するというか身を挺して事にあたるという気迫をもたなければならない。そういう気迫、心がまえをもちつつ、部下に仕事を任せる。体は後方にあっても、心は最前線にいるという感覚で事にあたることが大切である、というのである。

あの織田信長でも、秀吉や光秀や柴田勝家といった部下に軍をあずけて、各地を攻略させている。けれども彼自身は、いざというときには、あの桶狭間の合戦で単身先頭に立って城から討って出たように、いつでも率先して戦いにのぞもうという気迫をもっていた。それが部下たちにも強く感じられたから、みな信長の心をわが心として戦ったのだと思う、というのである。

幸之助は、こうした心がまえをもつことを、社長に限らず、部長なり課長なり、一つの部署の責任者だれしもに求めていた。常に先頭に立ってみずから事にあたるという気迫をもちつつ、実際には思い切って仕事を任せていく。そういうところに人を使い、人を育てる一つの大きなポイントがある、というわけである。

一人の責任

会社が発展するのもしないのも、結局のところは社長一人の責任である、というのが幸之助の持論であった。もし社長が「東へ行け」と言った場合、「いや西へ行きます」と言う社員は滅多にいない。だから社長が東へ行けと言って失敗を招いたなら、それは明らかに社長一人の責任だ、というのである。

同様に、一つの部、一つの課が、よい成績を示すも示さないも、あげて部長一人、課長一人の責任である。たとえば、課の成績が上がらず、それは自分のところの課員がもうひとつうまく働いてくれないからだ、という課長に対して幸之助は、こんなことを言う。

「きみ、それはけしからんことを言うじゃないか。課の責任はきみ一人にあるんだよ。かりに部下に悪い者がいて成績が上がらないというのであれば、その部下を返す。どうも彼は適性がないから、他の部署で使ってもらいたい、というくらいでも会社に言うことができるんだ。それを言わずして、べんべんと使っているというのは、やはりきみの責任じゃないか。だからぼくは、部下が悪いとか、何々に原因があるという言いわけは一切聞かない。これはぼく自身がそう思っているんだ。ぼくが会社の社長としてうまくいかないという場合に、どうもうちの社員が具合悪いからとか、何々に原因があったからと、言いわけをする意思は全然ないんだ。それを同じように、きみに対しても要求したいんだよ」

係長もまた、その係全員に対する責任を一身に負っている。そして個々の社員も、それぞれに自分に任せられた仕事の全責任を負っている。そのように、全員がそれぞれに、みずからの立場で「一人の責任」を自覚し、自主的に創意工夫をこらして仕事に取り組むのがいわゆる自主責任経営で、その実践を通してこそ、個々人のほんとうの仕事のしがいや働く喜びも、会社の力強い発展も生まれてくるものだ、と幸之助は考えていたのである。

欠点を知ってもらう

完全無欠な人はいない。だれもが程度の差こそあれ、それぞれに長所もある反面、短所、欠点を併せもっているものである。そうした人間が集まって仕事をしていくためには、その欠点を補いあっていくことが重要になる。特に人を使う者はむしろすすんで部下に自分の欠点を知ってもらい、それを補佐してもらうことが大切だ、と幸之助は指摘している。

幸之助自身、学問のなさや病弱な体という自分のハンディを、恥じることなく部下に知らせていた。すると部下は、「大将の代わりにわれわれがやらなければ」と、かえって大きな成果をあげることにつながった、という。

欠点を知ってもらうという素直さが、人を動かす原動力になった、ということであろう。

困っても困らない

世間は広く、人生は長い。それだけに困難なこと、苦しいこと、つらいことがいろいろある。そんなときに、どう考え、どう処理するか。幸之助は、その際の考え方、対処の仕方によって、その人の幸不幸、飛躍か後退かが決まると言い、見方を変え、考え方を変えることの大切さを説いている。

困難に遭遇したとき、「どうしよう、どうもできない」と逡巡していては、出る知恵も出なくなる。今まで楽々と考えていたことでも、なかなか思いつかなくなる。そして原因や責任を他に転嫁して、不満がつのり、とどのつまりは不満でわが身を傷つけてしまう。

そこで見方を変え、考え方を変えてみる。今、困ったとだけ思っているけれど、これが案外、新しい発展の転機かもしれない。そう見方を変えれば、新しい道も見えてくる。実際、お互いがあまり苦心をしないで、うまく坦々《たんたん》と行けるときには、新しい創造はなかなか生まれない。生まれても、すぐれたものが生まれない。これは人間の常として、やはり易きにつき、安逸《あんいつ》に流れるからである。しかし、ひとたび大事に直面すると、今までなかった知恵も出て、新たな働きも生まれてくるのである。

だから、困っても困らないこと。困難を困難とせずに、思いを新たに決意堅く歩めば、困難がかえって飛躍の土台石となる、というのである。

自己観照

自分で自分のことはなかなかわからないものである。だから、常に〝自己観《かん》照《しょう》〟をして、自分というものをよく知るように努めようと、幸之助は事あるごとに呼びかけていた。

自己観照をするためには、自分の心をいったん自分の身体から取り出して、遠くに離して眺めてみる必要がある。外から改めて自分というものを見直してみるのである。そうすると、ここはいいけれど、この点はよくないなといったことがわかってくる。

しかし実際には、自分の心を外へ離して見ることは、なかなか容易ではない。その場合には、他人の力を借りればいい。上司や先輩、あるいは部下や友人に、自分の欠点はどこにあるかを尋ねてみる。そうすれば、他人は自分よりよく見ているもので、自己観照をするのと同じ結果が得られるものだ、という。

肝心なのは、自己観照こそ大切だと考え、これを正しく行なって過ちなきを期していこうという志をもつことである。その志があるかぎり、自分自身での、あるいは他人の力を借りての正しい自己観照が必ずできて、何をなすべきかがわかってくる。過ちなき道を歩むことが可能になる、というのである。

好きになる

幸之助は、成功する経営者と失敗する経営者との分かれ道は、経営が好きであるか好きでないかということに第一の要素がある、と言っている。

昔から〝好きこそものの上手なれ〟というが、これは一つの哲理である。自分の仕事を天職だと思うほどに、ほんとうに好きになってこそ、新たな創意工夫も次々と生まれ、力強い信念、行動も生まれて、着実に成功への道を歩むことができる。

逆に、経営はいい仕事だ、意義ある仕事だと思っていても、実は自分はこの仕事が好きではない、社命なのでしかたがないからやっているのだというようでは、仕事のコツはつかめない、というのである。

千の悩みも結局は一つ

腕に一つの小さいできものができると、そのできものが非常に気になる。けれども、今度は腹の一部に大きなできものができたとなると、小さいできものはもう忘れて、大きいほうだけが気になる。

幸之助は、悩みも結局これと同じで、たくさん悩みのタネがあっても、ほんとうに悩んでいるのは常に一つだ、という。そこに気がつけば、むしろ一つくらい悩みがあることで、行動が注意深くなり過ちが少なくなると、悩みをもつことの効用を説いている。

人間はいちばん大きな悩みしか悩まない。もちろん、それであとの悩みが解消してしまうわけではないけれど、それほど心を悩ませない。だからなんとかやっていける。生きていく道が生まれてくる、というのである。

できないでは、できない

「いい技術者ほど、できないという理論を知っている」というフォードの言葉がある。この言葉に関連して幸之助は「〝インテリの弱さ〟という言葉があるが、それはなまじっか知識があるために、それにとらわれ、それはできないとか、どう考えても無理だと思いこんでしまって、なかなか実行に移さないというー面を言ったものだと思う。しかし〝窮すれば通ずる〟という言葉もある。できないと思っていたものでも、素直に物事を見直してみると、思いもかけなかった解決法が生まれてくるものだ」と言う。

幸之助にとっては、学問の乏しさも、先入観にとらわれず物事の本質を見極めることに役立っていたのである。

人間は磨けば輝くダイヤモンドの原石のようなもの

幸之助は若いころ病弱であったから、みずから先頭に立って仕事を進めることがむずかしく、いきおい人を信頼し、思い切って仕事を任せざるをえなかった。そうすると、任された人は生き生きとそれぞれの持ち味を発揮しながら、期待に応えてくれる場合が多かった。また創業当初の松下電器は無名の町工場であり、有能な人材の獲得は、なかなか思うにまかせなかった。それだけに人材の育成には格別の力を注いできた。

そのような体験をふまえて、幸之助はつぎのような考えをもっていた。

人間はあたかもダイヤモンドの原石のようなものである。ただの石はいくら磨いても光らないが、ダイヤモンドの原石は磨くことによって光を放つ。しかもそれは、磨き方いかん、カットの仕方いかんで、さまざまに異なる、燦然《さんぜん》とした輝きを放つのである。

人間も同様で、だれもが磨けばそれぞれに光る、さまざまな素晴らしい素質をもっている。だから、人を育て、生かすにあたっても、まずそういう人間の本質というものをよく認識し、それぞれの人がもっているすぐれた素質が生きるような配慮をしていくことが大切である。

それぞれの人がもっている無限の可能性を信頼する、ということがやはり基本で、そういう認識がなければ、いくらよき人材がいても、その人を生かすことはむずかしい、というのである。

万物みなわが師

心がけひとつで、身の回りのものすべてが師となると考えていた幸之助は、かつてエジソンについてつぎのような話をしている。

「エジソンは、生涯に千以上の発明をした立派な人である。だから、さぞ子どものころから頭がよく、立派な先生について学んだのだろうと思いがちだが、実際はそうではなかった。それどころか、先生から低能だといわれて、三カ月で小学校を退学している。だから先生から勉強らしいものは教えられていないのである。

ただエジソンは子どものころから、物事に対する研究意欲が非常に旺盛であった。つまり、自然現象や世の中のことを、ただぼんやりと眺めていず、すべてに対して〝なぜ〟という疑問を発し、みずからその解明に努めた。

エジソンには、自然の事物を心して見つめ、世の中に役立つものをなんとかつくり出そうという熱意があった。いわゆる学問上の指導者はなかったけれども、代わりに、自然のなかに自分の師をみつけたのである」

このエジソンの話からいえることは、みずから開拓していこうという熱意に満ちて、心して物事を見ていくならば、わが師、行く道は無限にあるということである。

幸之助は「風の音にも悟る人がいる」とも言っているが、心して見ていけば、あらゆる物、あらゆる人の言動に真理やヒントが含まれている、それらを素直な心で受け止めていくことが肝要だ、ということであろう。

時代感覚・社会感覚

景気よし、不景気さらによし

商売に取り組む基本の心がまえの一つとして、幸之助は〝商人には好、不況はないものと思え〟ということをあげている。自分自身それを言いきかせつつやってきた、という。

幸之助によれば、好景気のときは、駆け足をしているようなものである。一方、不景気のときは、ゆっくり歩いているようなものである。駆け足のときは他に目が移らないから、欠陥があっても目につかないが、ゆっくり歩いているときは、前後左右に目が移るから欠陥が目につき、修復訂正ができる。つまり、景気が悪く商品が売れないときは、それまで手が回らなかったアフターサービスを徹底したり、社員教育に力を注ぐ機会になる。だから不景気にもそれなりの利点がある。

しかも、不景気になれば、日ごろ勉強している店ほどよく売れるようになる。というのは、顧客がいろいろ吟味して買うようになるので、サービスのよさ、店員の応対のよさ、商品のよさが改めて目立ってきて、お客のほうから買いにもきてくれるからである。

好、不況はないものと思い、日ごろから商売の本道をふまえ、なすべき一つひとつの仕事をきちんと正しくやるよう努めることによって、〝景気よし、不景気さらによし〟ということになる、というのである。

世間は正しい

幸之助は、世間の見るところは常に正しく健全だとして、その世間を信頼することが、日々の商売を力強く進めていくためには大切だ、と考えていた。もし、世間の目が誤っているとすれば、自分が正しいことをしていても、受け入れてもらえないかもしれない。それでは商売を進めていくうえで不安が生まれてくるし、商売に打ちこむこともできにくくなる。

しかし、世の中というものは、こちらが間違ったこと、見当はずれのことをやらないかぎり、必ず受け入れ、支持してくれるものである。そのことを自分は、折々に身にしみて味わってきた。そこで〝正しい仕事さえしておればいい。もし受け入れてもらえなければ自分のやり方を変えればよい。世間の見方は正しいのだ。この正しい世間とともに懸命に仕事をしていこう〟と考えた、という。

もちろん、個々の場合あるいは一時的には、誤った判断、誤った処遇をされ、いくら努力を重ねても世間に認めてもらえないときもある。しかし、長い目で見れば、やはり世間は正しく、信頼を寄せるに値する、そう考えたところから、大きな安心感が生まれ、いたずらに動揺することなく、日々の商売に力いっぱい打ちこんでこられた、というのである。

カンと科学は車の両輪

カンというと、「そんな非科学的な」と言う人もある。しかし、いろいろなことを科学的に決めていっても、最後にはやはり、そのうえにカンが働いていないといけないのではないか、と幸之助は言う。

科学者でもカンの働かない人はダメだと言われる。エジソンのように偉大な発明をした人でも、その発明はひらめき、カンによっている。そのひらめきによって、よりよい科学をつくりあげているのである。

カンを磨けば、自動車のボディを叩くだけで、組み立ての悪さを知ることができ、エンジンの音を聞くだけで、すり合わせの悪い箇所がピンとくるようになる。商売でも、掛け売りをしていいかどうかを、その店から受ける空気や主人の話しぶりから察知できるようになる。そうならなければ、代金を取りにいっても〝くれなかった、ああ困った〟となって失敗してしまう。

むろんカンに偏ってはいけないし、数字や科学も大事である。その二つを常に車の両輪のように使っていく必要があるけれど、特に指導者や商売に携わる者は、真実を直観的に見抜く鋭いカンを、経験を積む過程で厳しい自己鍛錬によって養っていかなければならない、と幸之助は言うのである。

成功、失敗と運、不運

幸之助は、物事がうまく運んだときは「これは、運がよかったのだ」と考え、うまくいかなかったときは「その原因は自分にある」と考えるようにしてきたという。つまり、成功は運によるものだが、失敗は自分のせいだ、というのである。

人はとかく、うまくいったときには、自分の腕でやったと考えがちである。しかし、そう考えると、おごりや油断が生じてつぎに失敗を招きやすい。成功したとはいっても、それは結果での話であって、その過程には小さな失敗がいろいろある。それらは、運がよかったから成功したのだと考えれば、一つひとつが反省の資となるが、おごりや油断があると見えなくなってしまう。

反対に、うまくいかなかったときには、とかく運のせいにしてしまいがちである。しかしそうすると、やはり失敗の経験が生きてこない。自分のやり方に過ちがあったと考えてこそ、反省もできて、同じ過ちはくり返さなくなり、文字どおり〝失敗は成功の母〟ということになってくる。そして、そのように〝失敗の原因はわれにあり〟という考えに徹するならば、そうした原因を事前になくしていこうという配慮ができるようになって、どういう状況下にあっても順調に事が運ぶようになってくる、というのである。

成功とは成功するまで続けること

やることなすことが裏目にばかり出る。懸命に努力しているのに、どうもうまくいかない。そういう状況に陥って悩むことが、長い人生にはだれにもある。そんなときに大事なのは、やはり志を失わず、地道な努力を続けることだ、と幸之助は言う。

およそ物事というものは、すぐにうまくいくということは滅多にあるものではない。だから、ひとたび志を立てて事を始めた以上は、少々うまくいかないからとか、失敗したからといって、簡単にあきらめてしまってはいけない。ときには失敗し、志をくじかれることがあっても、めげることなく辛抱強く、地道な努力を続けることが大切で、そうしてこそ初めて物事をなし遂げることができる。私たちの身の回りにある失敗のなかには、成功するまでにあきらめてしまったことがその原因である場合が多いのではないか。きょうあきらめてしまえば、あすの成功は決してありえない、というのである。

もっともいかに続けることが大事とはいっても、何かにとらわれて、いわゆる頑迷《がんめい》に陥ることがあってはならない、ということもまた、幸之助は同時に説いていた。いくら一所懸命でも、道にはずれた、自然の理に反するような方向への努力を続けていたのでは、成果はあがらない。しかし、道にかなったことであるかぎりは、ひとたび志を立てた以上、最後の最後まであきらめない。成功とは成功するまで続けることであるということを、常にお互いの心にとどめていたい、と幸之助は言っている。

青春とは心の若さである

〝青春とは心の若さである　信念と希望にあふれ勇気にみちて日に新たな活動をつづけるかぎり　青春は永遠にその人のものである〟

この言葉を幸之助は座右の銘としていたが、これは、アメリカの詩人サミュエル・ウルマンの詩「青春」からヒントを得て、昭和四十年にみずからつくったものである。常に若くありたいという希望と、常に若くあらねばならないという戒めをこめたものだという。

肉体的な年齢が年々上がっていくのは、だれもが避けて通れない。しかし、心の若さは気のもちようである。常に前へ進む気力さえ失わなければ、若さはいつも向こうからついてくる、と幸之助は考えていた。

数え年八十歳で会長を退任し、相談役に就任したときも、「これは、会長という一つの役職からの退任であって、人生から引退したつもりは毛頭ない。今も、次々となすべきことに思いが走り、悠々自適などはとてもできない」と、その心境を語っている。事実、松下政経塾を設立したのは八十四歳のときであり、政策研究提言機構「世界を考える京都座会」を発足させたのは八十八歳のときである。九十四歳で生涯を全うするまで、常に心の若さを保ち続け、〝青春とは心の若さである〟ことを身をもって実証していたのである。

治にいて乱を忘れず

好景気があれば不景気もあるように、人生も常に順境ばかりではない。しかし、順境や好景気が続くと、苦しかったときを忘れ、いざ逆風が吹き始めると慌てふためくのが人の常である。

幸之助はみずからの人生経験を通して、〝治にいて乱を忘れず〟ということの大切さを事あるごとに強調していた。

富士川の戦いで、平家は水鳥の羽音に驚いて敗走したというが、それはまさに治にいて乱を忘れていたからであろう。一方で平和を楽しみ、人生を楽しんでいくことはよろしい。しかし、いつ風が吹いてきても、それに対処できる心がまえを常にキチッと養い、もっていなければならない。順境時にも万が一の心の準備を怠らないことが、失敗の少ない人生を歩む一つのコツである、というのである。

人間本然主義

「これまで世界の各国は、それぞれの国家経営を自由資本主義のもとで行なったり、社会、共産主義のもとで行なったりしてきているが、これらの体制については、共産主義一辺倒でも資本主義一辺倒でも好ましくないと思う。どちらにも長所があり、どちらにも短所があるということが、今日までの現実の政治のうえで、ある程度明らかになってきているわけだから、これからは、その両方の長所、すぐれたところを生かすということが、どうしても必要だ」

これは、昭和二十年代、ソビエト連邦が崩壊する三十年以上も前の幸之助の発言である。それではお互いに、何をよりどころにして、社会の体制を考えていったらよいのか。幸之助は同じ時期につぎのようにも述べている。

「資本主義にしても共産主義にしても、もともとお互い人間の幸せをより高めるための一つの手段、方法として考えられたものであり、それらが唯一絶対のものではない。とすれば、われわれに大切なのは、資本主義がいいか、社会主義、共産主義がいいかといった立場に立つのではなく、人間そのものの本質に基本をおいて、お互いの幸せに役立つものをとらわれずに受け入れ、いわば人間本然《ほんぜん》主義といったものを、それぞれに生み出していくことである」

企業の経営にしろ国家の運営にしろ、人間の本質を正しく究め、それに即した行き方をとるという人間本然主義が、幸之助が常に大事にしていた基本姿勢であった。

松下幸之助略年譜

年	年齢	事項
明治二十七（一八九四）		十一月二十七日、和歌山県海草郡和佐村字千旦ノ木（現和歌山市禰宜）で松下政楠、とく枝の三男として出生
三十二（一八九九）	4	父・政楠が米相場に失敗、和歌山市内に移住
三十七（一九〇四）	9	尋常小学校を四年で退学、大阪市南区（現中央区）八幡筋宮田火鉢店に奉公
三十八（一九〇五）	10	大阪市東区（現中央区）船場堺筋淡路町、五代自転車商会に奉公
三十九（一九〇六）	11	父・政楠病没
四十三（一九一〇）	15	大阪電灯㈱に内線係見習工として入社
四十四（一九一一）	16	内線係見習工から最年少で工事担当者に昇格
大正二（一九一三）	18	母・とく枝病没
四（一九一五）	20	井植むめの（十九歳）と結婚
六（一九一七）	22	工事担当者から最年少で検査員に昇格 大阪電灯㈱を退社、大阪市猪飼野でソケットの製造販売に着手
七（一九一八）	23	三月七日、大阪市北区西野田大開町（現福島区大開）に松下電気器具製作所を開設

十二（一九二三）	28	改良アタッチメント・プラグ、二灯用差しこみプラグの製造販売を始める 砲弾型電池式自転車ランプを考案発売
十四（一九二五）	30	連合区会議員選挙に推されて立候補し、二位で当選
昭和 二（一九二七）	32	角型ランプに初めて「ナショナル」の商標をつけて発売
四（一九二九）	34	松下電器製作所と改称。綱領・信条を制定し、松下電器の基本方針を明示 この年、世界的恐慌となったが、半日勤務、生産半減、給与全額支給とし、従業員を解雇することなく不況を乗り切る
六（一九三一）	36	ラジオ受信機がＮＨＫ（東京）のラジオセットコンクールで一等となる 乾電池の自社生産開始
七（一九三二）	37	五月五日を創業記念日に制定、第一回創業記念式典を挙行し、産業人の使命を闡明、この年を命知元年とする ラジオに関する特許を買収し、一般に無償公開する
八（一九三三）	38	事業部制を実施 朝会・夕会を全事業所で開始 松下電器の遵奉すべき五精神（昭和十二年に七精神となる）を制定 大阪府北河内郡門真村（現門真市）に本店を移す
九（一九三四）	39	松下電器店員養成所開校、所長に就任
十（一九三五）	40	松下電器製作所を株式会社組織とし、松下電器産業㈱を設立

十一（一九三六）	41	同時に従来の事業部制を分社制とし、九分社を設立
十三（一九三八）	43	高野山に物故従業員慰霊塔を竣工
十四（一九三九）	44	ＮＨＫ（大阪）から「私の体験を通じて店員諸君に語る」を放送
十五（一九四〇）	45	第一回経営方針発表会を開催（以後、毎年開催）
十八（一九四三）	48	軍の要請で松下造船㈱、松下飛行機㈱を設立
二十（一九四五）	50	終戦。その翌日、幹部社員を集め、平和産業への復帰を通じて祖国の再建を呼びかける 続いて八月二十日、「松下電器全従業員に告ぐ」の通達を出し、難局に処する覚悟を訴える
二十一（一九四六）	51	松下産業労働組合（昭和二十二年一月、松下電器産業労働組合となる）結成。結成式に出席し、祝詞を述べる 松下電器及び幸之助が、ＧＨＱから財閥家族の指定、公職追放等七つの制限を受ける（昭和二十一年三月から二十三年二月にかけて） 全国代理店、松下産業労働組合が公職追放除外嘆願運動を展開 十一月三日、ＰＨＰ研究所を創設、所長に就任
二十四（一九四九）	54	企業再建合理化のため、初めて希望退職者を出す この年、負債十億円となり、税金滞納王と報道される
二十五（一九五〇）	55	諸制限の解除によって状況好転、経営も危機を脱する 緊急経営方針発表会で「嵐のふきすさぶなかに松下電器はいよいよ立ち上がった」と経営再建を声明
二十六（一九五一）	56	年頭の経営方針発表会で「〝松下電器はきょうから再び開業する〟の心

		がまえで経営にあたりたい」と訴える
		第一回、第二回欧米視察
二十七（一九五二）	57	渡欧、オランダのフィリップス社との技術提携成立
二十九（一九五四）	59	日本ビクター㈱と提携
		『文藝春秋』五月号に「観光立国の弁」を発表
三十一（一九五六）	61	松下電器経営方針発表会で五カ年計画を発表
		日本4H協会会長に就任
三十三（一九五八）	63	オランダ国からコマンダー・イン・ジ・オーダー・オブ・オレンジ・ナッソウ勲章を受章
三十四（一九五九）	64	関西日蘭協会を設立、会長に就任
三十五（一九六〇）	65	松下電器経営方針発表会で「五年後における週休二日制の実施」を表明
三十六（一九六一）	66	松下電器産業㈱社長を退き、会長に就任
		『文藝春秋』十二月号に「所得倍増の二日酔い」を発表（読者賞を受賞）
三十七（一九六二）	67	『タイム』誌のカバーストーリーで世界に紹介される
三十八（一九六三）	68	タイム社創立四十周年祝賀パーティーに招待され出席
		NHK特別番組「総理と語る」で池田首相と対談
三十九（一九六四）	69	熱海で全国販売会社代理店社長懇談会を開催
		営業本部長代行として、経営の指揮にあたる
		『ライフ』誌が「松下幸之助とその事業」について特集
四十（一九六五）	70	㈶国立京都国際会館理事長に就任

四十二（一九六七）	72	関西財界セミナーで「ダム経営論」を発表 松下電器週休二日制を実施 松下電器経営方針発表会で「五年後には欧州を抜く賃金に」と呼びかける
四十三（一九六八）	73	ブラジル文化功労勲章を受章 松下電器創業五十周年記念式典を挙行 発明協会会長に就任 霊山顕彰会初代会長に就任
四十六（一九七一）	76	㈶飛鳥保存財団初代理事長に就任
四十七（一九七二）	77	『人間を考える―新しい人間観の提唱』刊行 ベルギー国王から王冠勲章を受章
四十八（一九七三）	78	松下電器㈱会長を退き、相談役に就任
四十九（一九七四）	79	奈良県明日香村名誉村民となる 『崩れゆく日本をどう救うか』刊行
五十（一九七五）	80	国土庁顧問に就任 神道大系編纂会設立に伴い会長に就任
五十一（一九七六）	81	十一月三日、ＰＨＰ研究所創設三十周年を迎え、真使命達成を訴える
五十二（一九七七）	82	『私の夢・日本の夢　21世紀の日本』（ＰＨＰ研究所創設三十周年記念出版）刊行
五十四（一九七九）	84	マレーシアからパングリマ・マンク・ネガラ勲章とタン・スリの爵位を受ける

		㈶松下政経塾を設立、理事長兼塾長に就任 中国を訪問
五十五（一九八〇）	85	四月一日、㈶松下政経塾の第一期生入塾式を挙行
五十六（一九八一）	86	勲一等旭日大綬章を受章
五十七（一九八二）	87	㈶大阪二十一世紀協会会長に就任
五十八（一九八三）	88	スペイン国政府から、メリトシビル大十字章を受章 ㈶国際科学技術財団を設立、会長に就任
六十二（一九八七）	92	勲一等旭日桐花大綬章を受章
六十三（一九八八）	93	㈶松下国際財団を設立、会長に就任 ㈶松下幸之助花の万博記念財団を設立
平成元（一九八九）	94	四月二十七日午前十時六分、死去

松下幸之助の本　発行部数　BEST20

順位	書名（発行年月）	発行部数
1	道をひらく（昭和43年5月）	530万部
2	指導者の条件（昭和50年12月）	100万部
3	商売心得帖（昭和48年2月）	91万部
4	物の見方　考え方（昭和38年4月）	87万部
5	素直な心になるために（昭和51年9月）	69万部
6	崩れゆく日本をどう救うか（昭和49年12月）	62万部
7	社員心得帖（昭和56年9月）	59万部
8	人生心得帖（昭和59年9月）	55万部
9	私の行き方　考え方（昭和29年5月）	53万部
10	経営心得帖（昭和49年7月）	47万部
11	実践経営哲学（昭和53年6月）	46万部
12	道は無限にある（昭和50年5月）	38万部
13	若さに贈る（昭和41年4月）	36万部
14	その心意気やよし（昭和46年7月）	36万部
15	続・道をひらく（昭和53年5月）	33万部
16	人を活かす経営（昭和54年9月）	32万部
17	一日本人としての私のねがい（昭和43年10月）	32万部
18	なぜ（昭和40年5月）	31万部
19	私の夢・日本の夢 21世紀の日本（昭和52年1月）	31万部
20	思うまま（昭和46年1月）	31万部

・発行部数の下4桁は四捨五入（順位は四捨五入前）
・PHP研究所以外からの刊行物（把握できる限り）を含む
・電子書籍を含む
・形態（単行本、文庫、新書、電子書籍など）あるいは発行元が異なる同内容の書籍は同じ本として合算する（平成29年3月31日現在）

この作品は、二〇〇六年十二月にＰＨＰ研究所より刊行された
『松下幸之助の見方・考え方』を改題し、再編集したものである。

PHP文庫 松下幸之助 生き抜く力
仕事と人生の成功哲学を学ぶ

2017年5月12日 第1版第1刷

編者	PHP研究所
発行者	岡修平
発行所	株式会社PHP研究所

東京本部 〒135-8137 江東区豊洲5-6-52
文庫出版部 ☎03-3520-9617(編集)
普及一部 ☎03-3520-9630(販売)
京都本部 〒601-8411 京都市南区西九条北ノ内町11

PHP INTERFACE http://www.php.co.jp/

組版	朝日メディアインターナショナル株式会社
印刷所 製本所	図書印刷株式会社

 ISBN978-4-569-76712-3

素直な心になるために

松下幸之助 著

著者が終生求め続けた〝素直な心〟。それは、物事の実相を見極め、強く正しく聡明な人生を可能にする心をいう。素直な心を養い高め、自他ともの幸せを実現するための処方箋。

定価 本体五一四円（税別）